桓武天皇の帝国構想

前田晴人 著

同成社

目次

桓武天皇の帝国構想

序　論

一　桓武天皇の国家構想と帰化人

桓武天皇は明治二十八年三月に創祀された平安神宮（京都市左京区岡崎）に護国の神霊として祀られている。千年の古都京都の礎を築いた王者だからである。天皇の治世における最も重要な政策は長岡京・平安京への二度の遷都と東北地方の蝦夷征討とであった。これだけの事業を完遂するには膨大な国家財政と優秀な人材の確保が欠かせなかった。筆者が本書で明らかにしようとしたのは、後者の人材確保の側面であるといってもよいだろう。天皇の政策をよく理解し忠実に遂行できる有能な人材が数多く必要になるからである。そこで、天皇に仕えたさまざまな人物のうち、帰化人・帰化氏族やそれらと姻戚関係にある人物群の履歴や事績を詳しく調べ、天皇の諸政策・国家構想とどのような関係にあったのかを具体化しようとして成ったのが本書である。

桓武天皇は百済系帰化人高野朝臣新笠を生母として天智系皇統の始祖となった。天皇家の血脈は国際都市京都と並行する形で現代にまで維持されてきている。また藤原冬嗣は同じく百済系帰化人の百済宿祢永継を生母とし、平安時代に全盛期をもたらした摂関家藤原氏の族祖としての系譜的位置を占めた人物である。本書でも述べるように百済永継は藤原内麻呂との婚姻を解消させられて桓武天皇の妃になった。永継を介して天皇家と藤原氏とが縁戚関係を結んでいることがわかるが、このような象徴的な事例をみても明らかなように、現代の日本人は、祖先系譜上のいずれかの分岐点において渡来人・帰化人あるいはその後裔との通婚を重ねて形作られてきたことが想像・類推できるであろう。遠く六十世代ほど前の桓武天皇の時代や、さらにそれ以前の時期の我々自身の先祖のことなどはまるでわからない。しかし、それでも思いきって過去の扉を開いてみれば、日本人の成り立ちというものがどうであったのかをおぼろげながらも掴むことができるのである。

二　渡来人・帰化人と日本民族

日本という国家はいつどのような経緯で成立するのであろうか、また日本人の起源はどのように考えたらよいのであろうか。おそらく両者は絡み合いながら長い年月をかけて形成されてきたのであるが、歴史にはいくどかの大きな画期があり、本書では、表題にもある通り古代史における画期をなした桓武天皇の時代に的を絞って右の問題を考えてみたいと思う。大多数の人間は、日常生活において自分が何者なのかということについて突き詰めて考えるというようなことはしないが、それでも自分たちの起源が何だろうという疑問はおそらく誰もが懐いている素朴でロマンに充ち溢れた問いであろう。しかしながら、それに対する答えはそう簡単にみつけ出せるような性質のものではない。一体過去にどのような歴史があったのか、きわめて重々しい時期だと考えられる過去の扉の一つを開き、ひとたびその時空のなかに入りこんで歴史の光景をながめまわしてみたいと思うのである。

ところで、現在の日本人が形作られる基盤となった民族の主な構成要素が、二千数百年前にこの列島上に生活を営んでいた縄文人であろうという点については、おそらく誰にも異論がないことと思う。縄文時代後期の人々はそれまでの狩猟や漁撈という自然に対する受動的な生活から、特定の樹種や植物性食糧に対する計画的な植栽を開始するという積極的な生き方をするようになっていたが、やがて政治的・社会的な理由もあって、中国大陸や朝鮮半島から断続的に列島へ移住する人々があり、彼らは高度な稲作農耕生産の方法と技術やそれまでに縄文人がみたこともないさまざまな金属類をもたらし、さらには縄文人との血の混交が各地で展開して、列島社会は急速に文明化しはじめるのである。

紀元前数百年の時期に、かなり強い波となって大陸・半島から移住してきた人々は通常「渡来人」と呼ばれている。どれくらいの数の渡来人がやって来たのかは定かではないが、現在の日本人の民族的構成要素の最も源基的なものは、縄文人と渡来人との混血にあることはまちがいないだろう。その後古墳時代に入ってからも、朝鮮半島南部の伽耶を中心に大陸のあちこちからいくどかの渡来の波があったことが明らかになっている。五世紀の前半・後半、六世紀前半から中葉にかけて、七世紀後半などの時期にかなり顕著な渡来の波があったことが指摘されている。『古事記』や『日本書紀』をはじめとする古代の文献史料には、右の時期に朝鮮半島の高句麗や百済・新羅・伽耶とのさまざまな交流関係の事績が記載されている場合があり、その交流関係の中身を調べてみると、何らかの理由により海を渡って来た人々が多数いたことがわかるのである。本書ではその事情のほんの一端を垣間みるだけではあるが、これらの時期の渡来は弥生時代初・前期頃のものとは性格がかなり異なっていたことに留意しなければならない。

弥生時代の日本列島にはまだ国家が形成されていなかったが、古墳時代以後には列島の主な部分を統治する王権が成立して支配領域を広げ、列島外の人々がそれまでのように自由な意思をもって故国と日本の間を往来するとか、政治的な規制なしに恣意的な定住生活を営むというようなことはかなり困難になっていたと考えられる。文献に記された外国人の渡来は政治的な要因によるものがほとんどであり、とりわけ七世紀後半の渡来の波は朝鮮半島の百済という国が滅亡したことにもとづく流民・亡命によるものであって、受け入れ側の王権の政治的経済的な規制や選択・計画などの配慮があったことを忘れてはならないのである。

七世紀後半に朝鮮半島にあった一つの国家が滅亡したため大量の難民が発生し、生存の場を失った貴族や農民らが数多く日本に移住してきた。新羅・唐の支配を受け容れられない百済の人々であって、当時の天智天皇の朝廷は高い知識と技術をもつ貴族らを積極的に取り立てて政権のなかに組織化し、また一般の百済人を近江国や東国に分散居住させるという措置をとっている。

そして、後に天智系皇統の始祖となり延暦九（七九〇）年二月に「百済王等は朕が外戚なり」との詔を発した桓武天皇は、自身を「蕃人」の系譜に結びつけることを端緒に、従来とは異質の国家像を構想していくのである。

いうまでもなく八世紀以後にも外国との人的交流は存在したが、その規模や範囲はきわめて小さく狭いので、本書では検討対象からは外しておきたい。このようにしてとりわけ古代に渡来人と日本人との混交が歴史的に進行し、現在の日本民族の生物的・生理的な基盤が形作られるのである。

三　律令法前後の「蕃人」「蕃国」

表題に示したように本書では平安時代はじめ頃の桓武天皇の治世を中心に叙述していく予定であるが、関係事項で六、七世紀以前の問題に言及する場面がでてくる場合がある。読者の不審や誤解を招かないように「渡来」「渡来人」と「帰化」「帰化人」、あるいは「外蕃」「蕃国」「蕃客」「蕃人」などの語の使用についてここであらかじめ解説を施しておくことにしたいと思う。王権あるいは国家が形成されているかいないか、国法が存在するかしないかが、外国人への社会的・政治的な対応の性格・本質を規定することになるからであり、また「渡来」という一般的な概念だけでは列島社会への外国人の流入と定着の問題、あるいは古代国家の成り立ちとその特質などを的確に説明することができないからである。

まず問題となるのは律令法以前に渡来した人々の歴史をどう捉えるのかということになるであろう。筆者は渡来・帰化に関する歴史的対応の諸段階を次のように把握したいと思っている。

【渡来】――王権による列島への渡来人に対する政治的規制がきわめて緩やかな四世紀後半以前の時期。各地の首長層が個別に渡来人と対応し、受け容れを決めていたと考えられる。

【来帰】――ヤマト王権が列島の主要域を統治する主体となり、朝鮮半島の百済国との外交関係を持続する四世紀後半以後七世紀後半までの時期。主要な渡来集団は畿内とその周辺地域に居地を与えられ、中央氏族による管理・統制を受けた。

【帰化】――律令法（飛鳥浄御原令・大宝律令・養老律令）の施行により異国から渡来してきた人々への厳密な国家統制が実現した時期。「帰化」「化外」「蕃人」「外蕃」「蕃国」などの法制用語が定着する。

実体的に渡来人への対応関係を明らかにすることが難しいのが【来帰】の段階である。倭・百済両王権間の外交の実体は実質的に対等の同盟関係であったとみられるが、半島諸国とりわけ百済は日常的に領土争いをめぐる戦争の状態に置かれていたため、倭国からの政治的な干渉をしばしば受け、倭国宮廷における外交儀礼の場では朝貢を基本とする従属的な儀礼が強制された。すなわち百済は外交上の戦略として王族を倭国の宮廷に送り込む慣例をつくりだした。文献によると三九七年には阿莘王の太子腆支が「質」として来倭し（『三国史記』百済本紀・阿莘王八年条・『日本書紀』応神八年三月条所引百済記）、四六一年に蓋鹵王の弟琨支君（『日本書紀』雄略五年七月条）が、六世紀の欽明朝には百済王子恵（『日本書紀』欽明十六年二月条）が、同じく七世紀中葉に義慈王の王子豊璋・善光らが来倭している（『日本書紀』舒明三年三月条）が、「質」はある種の外交使節・「隣国客」（『日本霊異記』上巻第五）とみなすのがよく、文字通りの人質の意味に解することはできないのであり、当時の渡来人も本質的には畏敬の念を含めた「客（マレヒト）」としての扱いを受けたとみられる。

【来帰】という概念は、例えば『日本書紀』応神二十年九月条に「倭漢直の祖阿知使主、其の子都加使主、並に己が党類十七県を率て、来帰り」と記すように、日本の天皇と国家への服属を前提とした行為を表すが、本書では「渡来」と「帰化」の二つの概念による曖昧な性格を帯びた合成語として理解していただきたい。この時期の渡来人らは、居住地の指定を受け、中央氏族層の管理下で伴造―部制・氏姓制に組織されてはいたが、王権からの直接の支配は受けておらず、有力氏族の庇護と統制の下にあったと考えられる。その後、天武朝に至ってはじめて王権による強力な叱責と統制を受けたのである。律令法による国家的管理・統制の始まりと関連する動きとみなすことができるであろう。

王都から遠く離れた地方に定着した渡来人の場合には、『日本書紀』垂仁三年三月条に載せる天日槍の伝承が典型的な事例として興味深い内容になっている。日槍の子孫は三宅連氏として最終的に但馬国出石郡に定着したのである。これは一つの説話に過ぎないものであるが、地方の渡来集団には居住地を自分で選定する余地が残されており、朝廷に奉仕する伴造の氏族として自らを組織する力をも有していたことがわかる。

みてきたように、【来帰】の段階の「渡来」を「渡来人」の側の主体性のみをもって語ることは史実に反するといわねばならないことは明白であるが、『日本書紀』が語るように渡来人への国家的・法制的な厳密な統制が実現していたかのようなイメージは書紀編者の手による潤色と考える必要があり、実体との間に大きなずれがあることを認識しておくべきである。したがって、読者諸賢には以下の叙述に右に論じた見解にもとづく配慮を加えていることを十分に留意していただきたいと思う。すなわち、律令法以前を記述する場合には「渡来」「渡来人」の概念で語る方がより実体に近いと考えられるのであり、次に律令法施行段階では「蕃人」「帰化人」の用語を用いるのが歴史の実体に忠実な姿勢だということになると考えられるのである。

次いで、日本の律令法に外国または外国人がどのように規定されているのかを簡潔に解説しておきたい。律令とは大宝律令（大宝元〔七〇一〕年施行）・養老律令（天平宝字元〔七四九〕年施行）などの成文法を指しており、大宝律令の条文はまとまったものが残存していないので、養老律令の規定を『令義解』『令集解』『延喜式』などの文献を参照しながら述べていきたい。律令のうち律は刑罰法、令が一般行政法であることは周知のところであろう。そしてこれらの法条によると外国のことを「蕃」あるいは「諸蕃」「外蕃」「蕃国」という語で表していることがわかる。左にそのような実例を引用してみよう。

職員令・治部省の条には長官である治部卿の職掌が記されているが、その一つに「諸蕃朝聘の事」という任務があり、「諸蕃」は朝鮮半島の諸国（高句麗・百済・新羅・渤海などの国々）を意味し、「朝聘」とは「国君自ら来るを朝と曰ひ、卿大夫を使するを聘と曰ふ」と記す。国王が自ら来朝する場合と使節の来朝とを区別しているが、現実には使節が派遣されて来るのである。外国の使節は公式令・詔書式条に「蕃国使」と記すのが正式の名称であったらしい。軍防令や雑令には「蕃使」という語もあって、該当国の「蕃人」は「蕃使」の往来する道路の近辺には居住させないようにした。ここにいう「蕃人」はすでに日本に帰化定着して年数を経た外国人を指している。

「蕃客」は原則として来着地の大宰府で検閲を受けるが、長官である大宰帥の職掌に「蕃客」とあるのがそれで、渤海使節のように日本海側のいずれかの国に来着した場合には停泊地を管轄する国守が応対するように定められていた（職員令・大国条）。新羅や渤海を野蛮なという意味を含む「蕃」あるいは「蕃国」という画一的な語で表現しているのは、天皇が統治する日本国に対して「蕃国」はすべて服属・朝貢すべき国で、「蕃国」の王は日本天皇に「朝」すべき臣下であるとする中華主義・帝国主義思想にもとづいているからである。

「外蕃」という語は戸令・田令・賦役令などの条文に多用されており、いずれも「蕃」「蕃国」と同じ意味である。賦役令・外蕃還条には「凡そ公使を以て外蕃より還らば、一年の課役免せ。其れ唐国は、三年の課役免せ」とあり、朝鮮諸国への公使と唐国へのそれとは区別されていた。『令集解』公式令に引く古記に「隣国は大唐、蕃国は新羅なり」との説明があり、唐は「隣国」として扱われており、律令の法意としては蕃国・外蕃としては捉えられていなかった。「外蕃の人」とは「蕃人」のことである。公式令・駅使至京の条には、「其れ蕃人の帰化せむは、館に置きて供給せよ。亦任に来往すること得ず」とあり、外国人を「蕃人」と規定し、帰化を望む者には京と摂津職にある官舎に安置して粮食を与え、自由な移動を禁止する措置がとられた。

法条には「帰化」「投化」「化外」「化外人」などの語が使用されている。「化」という語は天皇の教化・徳化・王化と密接に関係する概念で、「教化の被らざる所を、是れ化外と為す」（戸令・化外奴婢条）とあり、「化外の人化に帰らば」「外蕃の人化に投せらば」という条文が物語るように、天皇の聖徳・威権をはじめ日本国家の政治秩序・威儀の適用外にある人を「化外の人」「外蕃の人」と称し、右の諸項目に服すことを「帰化」「投化」あるいは「聖化」などといった。

「化外」は「化内」に対比される語で、天皇の統治領域を「化内」、天皇統治の及んでいない境外の地域を「化外」と呼び、国境に接する「辺遠」の地域で律令制支配の貫徹していない「夷人雑類」(賦役令・辺遠国条)の居住地と、「外蕃」「蕃国」とが「化外」とみなされた。いうまでもなく中華思想の産物である。

石母田正は四世紀から九世紀頃までの日本の国制を「東夷の小帝国」と規定した。建前では唐帝国を「隣国」としつつ現実の外交関係では朝貢を行わざるを得なかった日本が、朝鮮諸国に対しては「蕃国」「諸蕃」とみなす中華主義・帝国主義による朝貢外交と朝廷で行われる服属儀礼を強制したのである。天皇号は皇帝号に並ぶ君主号であると同時に、「蕃国」王の上位に立つ君主号として定められた。儀制令・天子の条には、「天皇」は「詔書に称する所」とあり、公式令・詔書式の条では、蕃国使に大事を宣する「明神御宇日本天皇詔旨」と、次事を宣する「明神御宇天皇詔旨」の二つの様式が規定されているが、いずれも蕃国王には「天皇の詔旨」が下されるという点において日本の独自性が顕在化している。一方、中国王朝の君主号である皇帝は「華夷に称する所」と規定されており、「華夏」「夷狄」双方に対する統治権・指導権を含む中国皇帝の称号を採択しているのである。

律令法に規定された古代日本の国制が中華帝国の構造すなわち「東夷の小帝国」の性格を帯びていたことが明らかになった。問題は七世紀末八世紀初頭に成立した帝国国家の構造がその後解体の危機に瀕することである。その国内的契機の一つは宝亀十一(七八〇)年三月に起きた陸奥国上治郡大領伊治公呰麻呂の乱である。詳しくは述べないが、この事件を機に陸奥・出羽両国と東北辺境地域は長期的な対蝦夷戦争の時代に入るのである。夷狄を従える天皇政府の威信を回復する課題が突きつけられたわけである。

　もう一つの対外的契機としては、百済・高句麗両国が七世紀後半に滅亡し、朝鮮半島は新羅国によって統一されたということである。しかるに新羅との外交関係は悪化の一途をたどって八世紀後半の光仁朝には断絶し、以後は半島北部に建国した渤海との交渉に限られてしまう。さらに重要なのは唐帝国の衰退である。唐は玄宗皇帝の末期から地方勢力の反乱が目立つようになり、七五五年には安史の乱によって皇帝が一時首都長安を追われるという事態に見舞われる。乱は七六三年頃に終息するが、その後唐帝国の勢威は弱体化していくのである。先ほど唐は諸蕃とは区別して法制的には「隣国」とされていたと記したが、唐帝国の弱体化と遣唐使派遣の停止はやがて日本が唐を「蕃国」視する契機になったと考えてよい。光仁朝の宝亀九（七七八）年十月、趙宝英を大使とする唐使節団が遣唐使とともに来朝するが、朝廷は唐客の迎接については「蕃例に同じくせよ」という方針で臨んだ。唐を大国とみなす心意とそれを否定しようとする態度がせめぎ合い、やがて唐をも「遠蕃」とみる意識が貴族層から生ずるようになるのである。

　以上、簡単にではあるが律令法前後に外国と外国人をどのように規定していたのかを概観し、さらに法規定が奈良時代の後半期になると現実とは乖離するようになったことをみてきたが、読者のなかには新たに次のような疑問を懐く人がいるかもしれない。すなわち、例えば奈良時代よりずっと以前に渡来した氏族などの場合には、すでに日本社会で数世代の生活を経た後なので、彼らはすでに日本人化していたのではないか、だからそのような人々を「蕃人」や「帰化人」と規定するのはおかしいという考えである。しかるに、次に引用する史料を読んでいただければそのような疑問は直ちに解消されることと思う。

中納言従三位和朝臣家麻呂薨ず。……（中略）……其の先は百済国人なり。人と為り木訥にして、才学無し。帝の外戚を以て、特に擢進せらる。蕃人の相府に入るは、此れより始まる。……（下略）

（『日本後紀』延暦二十三年四月二十七日条）

後にも取り上げることにするが、和朝臣家麻呂は桓武天皇の従兄に当たる人物である。その人物のことを正史が「蕃人」と称して憚らないのはなぜか。「其の先は百済国人なり」とあるように祖先系譜と氏姓が家麻呂の現存在を縛っていることがわかる。律令法が規定する「蕃人」とは、その人物の現在の法的存在だけではなく、遠い先祖の血筋と履歴にまでさかのぼって固定化された観念であるといわざるを得ないのである。

四　百済とは何か

ここで本書の重要論点の一部になっている「百済」なるものを簡単に説明しておきたい。「百済（クダラ）」というのは古代朝鮮半島に存在した国家の名称である。その起源についてはなお明確ではないが、紀元三世紀の頃、半島西部の京畿道・忠清南北道の地域が馬韓と総称され数多くの韓人による小国が形成されていた。当該地方には紀元前三世紀の前漢武帝以来中国の政治的文化的影響が強く及んでいたので、中国東北部からの人々の流入も多く、遼寧・吉林省方面から南下してきた騎馬民族の扶余族の一部が中心となって成立したのが百済国のはじまりであるといわれている。

とりわけ西暦三一三年に北方の高句麗が楽浪郡を占領すると、半島南部地域の諸部族の動きが活発となり、百済国は四世紀中葉の近肖古王・近仇首（貴須）王の頃、周辺の小国群を統合して国家に成長を遂げたとされている。国王の系譜はそれ以前数代をさかのぼるようであるが、古代朝鮮の歴史を記した『三国史記』（高麗の仁宗二十三年【一一四五年】金富軾撰）によると、近肖古王の時代に百済は高句麗と激戦してこれを破っており、国力がすこぶる増強していた事情を推定することができる。この百済国の王室系譜は王都が陥落し国家が滅亡する六六〇年まで存続し、以後は日本国内に居住した義慈王の子孫である百済王氏の系譜として存続していくのであり、桓武天皇と深い結びつきをもったのが百済王氏をはじめとする百済系の帰化氏族だったのである。

百済に関係ある遺跡が大阪府枚方市にある。枚方市中宮には国の特別史跡として著名な百済寺跡と百済王神社が所在するが、これは奈良時代後半に摂津職百済郡から河内国交野郡に移住した百済王氏一族が建てた寺院と氏神社なのである。その他堺市の中央部を流れる石津川の分流に百済川があり、有名な百舌鳥古墳群の間をぬって流れている。この地域は僧行基を出した高志氏・蜂田氏など多くの渡来氏族が集住していた所でもあり、百済公をはじめとする百済系氏族が優勢な地域であったと考えられるのである。

それから今は地名が消失してしまったが、『日本書紀』の敏達十二年是歳条は、倭系百済官人の日羅が天皇の要請で本国に帰還した時、彼の妻子が居住した所を「石川百済村」と呼び、日羅と共にやってきた百済使徳爾らの滞在した場所を「下百済河田村」と記している。いずれも南河内の石川流域の地名と考えられ、『和名類聚抄』の河内国錦部郡百済郷と関わりがあるらしいが、現在富田林市にある甲田がその遺称地

表1　百済王系譜

王代	年　代	在位年数	諡号	諱
1	BC18～AD27	46年	温祚王	
2	27～76	50年	多婁王	
3	76～126	52年	己婁王	
4	126～164	39年	蓋婁王	
5	164～212	49年	肖古王	
6	212～232	21年	仇首王	
7	232～284	53年	古尓王	
8	284～296	13年	責稽王	
9	296～302	7年	汾西王	
10	302～342	41年	比流王	
11	342～344	3年	契王	
12	344～373	30年	近肖古王	
13	373～382	10年	近仇首王	
14	382～383	2年	枕流王	
15	383～390	8年	辰斯王	
16	390～403	14年	阿莘王	
17	403～418	16年	腆支王	映
18	418～425	8年	久尓辛王	
19	425～453	29年	毗有王	
20	453～473	21年	蓋鹵王	慶司
21	473～476	4年	文周王	
22	476～478	3年	三斤王	
23	478～500	23年	東城王	牟大
24	500～523	24年	武寧王	斯麻
25	523～554	32年	聖王	明襛
26	554～598	45年	威徳王	昌
27	598～599	2年	恵王	季
28	599～600	2年	法王	宣
29	600～640	41年	武王	璋
30	640～660	21年	義慈王	

と推定できる。

このように、文献史料や遺跡の所在地によりその場所をほぼ特定できる場合や、千古の時を経て今に遺る百済地名は古代における渡来人・帰化人とその生活・文化の拠点であったから、簡単に廃滅させ忘失してはならない貴重な文化遺産とせねばならないのである。しかし、後述するように百済からの渡来人・帰化氏族の足跡は点や線のつながりだけでなく、渡来後の人的物的交流を通じて幅広い面的な広がりを生み出している。地名だけを異国文化の伝来の痕跡と考えることのみでは歴史を充全に語ることはできない。

平安時代のはじめ、弘仁五（八一四）年六月、京（左京・右京）と畿内五カ国（山城・大和・摂津・河内・和泉）に居住している皇族・貴族・豪族の氏姓を調査・登録した『新撰姓氏録』が完成した。氏というのはある特定の職掌をもって王権に仕える集団の名称、姓は他の氏との出自の違いや身分の別を表す標識であって、これに個人の名がつくと古代の人名になる。それぞれの氏は皇別・神別・諸蕃に分類されており、皇別は過去の天皇の後裔と称する氏であり、神別は祖神として奉祀する神の子孫であると主張している氏族のことであり、諸蕃に類別されているのが帰化系の氏ということになるのである。

ところが、蕃別氏族は天武朝の八色の姓や大宝律令の施行によってさまざまな政治的差別を受けることとなり、それはとくに蕃姓に顕在化している。天平十六（七四四）年二月に「天下の馬飼・雑戸の人等を免ず」という勅命が発せられ、「汝等が今負ふ姓は人の恥ずる所なり、所以に原免して平民に同じくす」とあり、帰化系氏族でも下層の多くが職掌としていた馬飼や雑伎を表す氏姓を平民の氏姓に変更することを認めたのである。改氏姓は天皇の大権事項の一つで上奏により裁可を得ることができたが、下級氏族の場合にはそのような機会に恵まれることは稀であり、何らかの政治的功績や貴姓氏族との婚姻関係を通じて、あるいはその他の特殊な諸関係を利用して諸蕃の分類から倭系氏族への転換を図った場合が多い。天平宝字元（七五七）年四月、政府は「其の高麗・百済・新羅の人等、久しく聖化を慕ひ、来て我が俗に付く。姓を給はらむと志願せば、悉くこれを聴許せよ」と命じたが、以後帰化氏族の間で倭姓に転換を図る動きが顕著になる。

このように、諸蕃の卑姓を嫌う傾向が奈良時代以後に顕著になる要因は、やはり律令法の制定により帰化系氏族に出自する者が「蕃人」「外蕃」という政治的・社会的差別を受けたからで、隣国新羅との国交が断絶する光仁朝以後には新羅への敵対意識や憎悪の感情なども相俟って蕃姓を忌避する傾向と改氏姓の動きがますます強まり、不正行為による仮冒も横行した。ただ、氏姓の秩序が乱れるという現象は、別の面では皇族や貴族の世界もこの問題から蚊帳の外ではないことを意味していた。貴族と奴婢の結婚が桓武朝において法制上の物議を醸したように（『続日本紀』延暦八年五月十八日条）、天皇家にも蕃人の問題が波及したのである。桓武天皇は生母が百済系帰化人の後裔であったという事実がそれであり、桓武天皇こそは果敢にこの問題と正面から向き合った異例の君主で、天皇が具体的に何を政策課題としそれをどのように解決していったのかを究明することが本書を草した最大の目的であって、桓武朝が画期的・革新的な政権と評される要因の一つを掘り起こしてみたいと思う。

註記

一　本文に引用する国内及び国外の史料は読者の便宜を図って原則的に読み下し文とする。

二　『古事記』『日本書紀』に記載された天皇号はほとんどが歴史的なものではないが、叙述の便宜を考慮して天皇号のままとする。

三　国号については概ね天武朝以前を「倭」「倭国」とし、以後を「日本」「日本国」で統一表記する。

第一章　桓武天皇の侍臣・菅野真道

一　菅野真道の祖先伝承

桓武天皇は孝徳朝新政（大化改新）に活躍した中臣（藤原）鎌足やその子不比等の後裔である藤原氏一族を政権運営上きわめて重視した。藤原氏は奈良時代前期より太政官機構の枢軸を掌握し、また外戚の地位を利用して事実上天皇家の藩屛の地位に立っていたからである。承和十（八四三）年七月に没した藤原緒嗣の薨伝に、かつて桓武が「詔して曰はく、緒嗣の父微りせば、予は帝位を践むことを得むや。……其の父の元功を、予は尚忘れじ」と語ったと伝えている。緒嗣の父とは藤原百川のことであり、桓武は百川の「元功」すなわち陰陽の働きにより即位にこぎつけることができたとするのである。しかし、天皇は在位中に二度にわたる遷都の大業と東北地方での三次にわたる蝦夷征討戦争を遂行していく上で、伝統的・保守的な政治勢力と化していた藤原氏のみに依拠することはできなかった。藤原氏に対置する形で天皇が重用しようとした人材には和気清麻呂のような地方豪族出身者や帰化人系の有能な官人たちがいた。蝦夷征討で大将軍として活躍した坂上田村麻呂は東漢氏に出自する武官畑の大立者であるが、文官畑で桓武天皇の有力なブレーンとして名を馳せたのが津連真道こと菅野朝臣真道であった。

本章では菅野真道の諸事績のうち、祖先系譜の作成問題を中心に桓武朝の考察を深めてみたいと思う。卑位から立身した真道が自己の先祖の系譜を百済王室につなげるという大胆な操作を行った理由や意図の本質がどこにあるのか、あるいはなぜ真道がそれをしなければならなかったのかなどの問題を検討してみる必要があり、そこから桓武天皇が発想した独自の国家統治の根幹・構想に関わる重要な問題を引き出し得るのではないかと考えられ、桓武が敷いた国家構想がその後の歴史において日本国家の本質的性格と運動の方向性とを規定することになったと思量されるのである。

さて、『続日本紀』延暦九（七九〇）年七月十七日条は長大な上表文で構成されている。上表文は天皇に対して臣下が個別・臨機に自己の政見を表明する手段として認められていた上申文書の一種で、問題の上表文を共同で天皇に奉呈したのは左に掲記した四人の人物である。

左中弁正五位上兼木工頭　百済王仁貞
治部少輔従五位下　百済王元信
中衛少将従五位下　百済王忠信
図書頭従五位上兼東宮学士左兵衛佐伊予守　津連真道

上表文に連署している三人の百済王氏の人々と津連真道とは、百済系帰化人とはいえその身分・出自や来帰の時期などはまったく異なる。百済王氏らは上表文の内容に異議がなく、むしろ積極的に文意が正しいことを証する必要のために加署させられたとみてよいだろう。百済王氏は六六〇年に滅亡した百済国最後の義慈王の本物の子孫であったことと、日本在住の帰化人のなかでは政治的に卓越した身分と経歴とを誇示していた関係上、真道の主張するところを確認するには最適の人選といえたのである。その上、当年二月二十七日にはすでに桓武天皇が自ら「詔して曰はく、百済王等は朕が外戚なり」という驚くべき言明を発表していた。天皇と百済王氏とは血縁系譜に連なる関係にあることが公表された直後に上表文が奉呈されたのである。ただ、百済王氏について詳しくは後章で論じる予定であるので、ここでは末尾に名前が挙がっている津連真道を中心にして議論を展開していくことにしたい。

なぜなら、この上表文を自ら構想し執筆したのが真道であったからである。表文の冒頭に「真道等が本系は云々」とあり、真道は自己の先祖の渡来と王権への奉仕の由来に関し彼なりの歴史的な説明をしようと意図している。しかも、表文奉呈の表面上の理由は真道が新しい姓氏を天皇から得ることにあった。「真道等は生きて昌運に逢ひ、天恩に沐するに預る。伏して望むらくは、連姓を改め喚へて朝臣を蒙り賜はらむことを」とあり、結果的に「勅して居に因りて姓菅野朝臣を賜ふ」という栄誉に預かることができたからである。しかし、真道は貴姓を得るためだけに上表を行ったのではなかった。

推考するに、真道らの行為は天皇近侍の臣としての単なる野心によってのものではなく、おそらくは天皇の意向・企図をきわめて強く反映し、むしろ天皇の積極的な慫慂を得ての行為であったのではないかと考えられるのである。なぜなら、桓武天皇は真道らが主張している祖先系譜を公式に認定することで、何らかの構想にもとづく政治的目的を達成しようとしていたと考えられ、改氏姓のことはその目的に付随する二次的な手段以外の何ものでもなかったからであると考えられるのである。そこで、桓武天皇の政治的企図を明確にするため、以下には真道が主張しようとしている祖先系譜の全文を引用することにするが、長い文章なので理解しやすいように読み下し文にして内容ごとに段落を付し、筆者なりの解説を施していくこととしたい。

A　真道等が本系は百済国の貴須王より出でたり。貴須王は百済の始め興れる十六世の王なり。それ百済の太祖都慕大王は、日神霊を降し、扶余を奄ひて国を開き、天帝籙を授け、諸韓を惣べて王を称せり。

B　降りて近肖古王に及びて、遙かに聖化を慕ひ、始めて貴国に聘せり。是は則ち神功皇后摂政の年なり。

C　其の後軽嶋豊明朝御宇応神天皇、上毛野氏の遠祖荒田別に命じ、百済に使いして有識の者を捜り聘めしむ。国主貴須王恭しく使いの旨を奉り、宗族を択び採りて、其の孫辰孫王一名智宗王を遣し、使に隨ひて入朝す。天皇嘉めて、とくに寵命を加へ、以て皇太子の師と為す。是に於て、始めて書籍を伝へ、大に儒風を闡けり。文教の興れることは誠に此に在り。

D　難波高津朝御宇仁徳天皇、辰孫王の長子太阿郎王を以て近侍と為す。太阿郎王の子は亥陽君、亥陽君の子は午定君。午定君は三男を生めり。長子は味沙、仲子は辰尓、季子は麻呂なり。此より別れ、始めて三姓と為る。各々所職に因りて以て氏を命ず。葛井、船、津連等は即ち是なり。

E　他田朝御宇敏達天皇の御世に逮り、高麗国使いを遣して烏羽の表を上る。群臣諸史これを能く読むこと莫し。しかるに辰尓進みて其の表を取り、能く読み巧みに写し、詳らかに表文を奏す。天皇其の篤学を嘉め、深く賞歎を加ふ。詔して曰はく、勤しきかな懿きかな。汝もし学を愛さずば、誰か能く解き読まむ。宜しく今より始めて殿中に近侍すべし。既にして又東西の諸史に詔して曰はく、汝ら衆しと雖も、辰尓に及ばず。斯れ並びに国史家牒に、詳らかに其の事を載せたり。

Aによれば、真道の先祖は百済国第十六世に当たる貴須王に出自するといっている。貴須王（近仇首王）は実在の百済王と考えてよく、三七五年に即位し三八四年に没したので在位はおよそ一〇年である。弘仁五（八一四）年に成った『新撰姓氏録』右京諸蕃下・菅野朝臣の項には、「百済国都慕王の十世孫貴首王より出ず」とあり、世系の数に相異と混乱が見受けられるが、内容的には上表のいわんとしていることと一致していることがわかる。しかしそれだけではなく、わざわざ百済建国の始祖王を都慕大王であるとし、始祖帝王のことに言及しているのは、貴須王が百済王系譜の正当で由緒正しい位置にいる王であることを再確認するためだけではなく、百済王室の初源を把握し桓武天皇の帝国構想を思想的・歴史的に正当化する必要があったからであろう。都慕（朱蒙）大王をめぐる記述についての解説は、上表文の検討を終えた後に本章の締めくくりの部分で行うことにしたい。

Bは近肖古王の時代に倭・百済間の交渉がはじめて開始されたことを述べている。近肖古王は貴須王の父に当たる人物で、神功皇后摂政の年とあるのは、『日本書紀』神功皇后摂政四十六年三月条に、「百済の王、東の方に日本の貴国有ることを聞きて、臣等を遣して、其の貴国に朝でしむ」と記す所伝を真道が強く意識していたことを示している。近肖古王は三四六年に即位し、没したのは三七五年のことである。右に引用した書紀の文章に「日本の貴国」や「貴国に朝でしむ」という表現が用いられ、上表文にも「聖化を慕ひ」「貴国に聘せり」などと記しているのは、両王権間の交渉の性格が日本を優位とし百済が従属的な立場にあったこと、換言すれば日本天皇が百済王から朝貢を受ける関係が両国交流のはじめより続いてきたことを示すものであり、その歴史的な証がCで述べられている。

Cは神功皇后の子応神天皇の時代のことを記している。貴須王の孫とされる辰孫王が応神朝に来帰したとする。辰孫王は自らの意志で来帰したのではなく、天皇がわざわざ百済に使いを派遣して貴須王に有識者の招聘を要請したのを受けて、王の宗族中から選ばれた辰孫王が使いと共に来朝したということになっている。これはまさしく倭・百済の従属的同盟関係を強調したものであり、天皇もはなはだ嘉《よみ》したことで、寵命を加え皇太子の師としたと記す。真道の遠祖辰孫王は百済王室の宗族たること、王は有識者で日本に書籍をもたらし文教を興起させたこと、来帰後日本の天皇に厚遇を受けたことを強調する文章になっていることがわかる。

ところで、このC部分の文章であるが、『日本書紀』の応神十五年八月条（一）と十六年二月条（二）を試みに引用してみると次のようである。

(一)百済の王、阿直伎を遣して、良馬二匹を貢る。即ち軽の坂上の廐に養はしむ。因りて阿直岐を以て掌り飼はしむ。故、其の馬養ひし処を号けて、廐坂と曰ふ。阿直岐、亦能く経典を読めり。即ち太子菟道稚郎子、師としたまふ。是に、天皇、阿直岐に問ひて曰はく、「如し汝に勝れる博士、亦有りや」とのたまふ。対へて曰さく、「王仁といふ者有り。是秀れたり」とまうす。時に上毛野君の祖、荒田別・

巫別を百済に遣して、仍りて王仁を徴さしむ。其れ阿直岐は、阿直岐史の始祖なり。

(二)王仁来り。則ち太子菟道稚郎子、師としたまふ。諸の典籍を王仁に習ひたまふ。通り達らずといふこと莫し。所謂王仁は、是書首等の始祖なり。

右の二つの文章の内容は一見して阿直岐史と書首という氏族の祖先伝承になっていることが了解される。とくに彼らの先祖が渡来して以来何を以て王権に奉仕したのかを中心にして文章が構成されていることがわかる。因みに阿直岐の後裔は大和国高市郡飛鳥地方を中心に蟠踞した東漢氏一族であり、王仁の子孫は河内国古市郡を本居とした西文氏である。神祇令義解・大祓条にみえる東西文部の具体的な氏族として名を挙げる「東漢文直・西漢文首」がこれに該当する。百済王が派遣してきた阿直岐なる人物と、その後さらに天皇の要請にもとづいて学問の分野に優れた働きをした王仁とが来帰し、いずれも皇太子の学問の師となったとする筋書きは、Cの文章の筋書きとほとんど一致している。百済に派遣された使いの氏族と名前までもが同じであるということは、真道が書紀に記載のみえる他氏族の所伝をそっくり借用していることを意味しよう。とりわけ辰孫王の有識と書籍の伝来及び文教の興起を強調する点から考えて、真道は辰孫王の役割を書首の始祖王仁に準《なぞら》えようと策していることが諒解されよう。

このように菅野真道が他の帰化氏族の家伝を大胆にも借用することが可能となった条件の一つは、すでに井上光貞が明らかにしているように、出身国が同じだということ、したがって共通する故国の生活文化や思想を長く保持し続けていたということ、さらには本拠地が隣接しているので氏族間に日常的な交流関係が存在したことなどが想定されるのである。一例を次に示しておこう。史料は『続日本紀』宝亀元（七七〇）年三月二十八日条である。

葛井・船・津・文・武生・蔵六氏の男女二百三十八人、歌垣に供奉す。其の服は並びに青摺の細布の衣を着、紅長の紐を垂る。男女相並び、行を分けて徐に進む。歌ひて曰はく、

乙女らに　男立ち添ひ　踏みならす　西の都は　万代の宮

其の歌垣歌ひて曰はく、

淵も瀬も　清くさやけし　博多川　千歳を待ちて　澄める川かも

歌の曲折毎に、袂を挙げ節を為す。其の余の四首は、並びに是れ古詩なり。復た煩しく載せず。時に五位以上、内舎人及び女孺に詔して、亦其の歌垣の中に列せしむ。歌数闋み訖りて、河内大夫従四位上藤原朝臣雄田麻呂以下和舞を奏す。六氏の歌垣、人ごとに商布二千段・綿五百屯を賜ふ。

右の記事は、称徳女帝が法王道鏡の故郷である河内国若江郡弓削郷の地に西京由義宮を造営した時のもので、当地において女帝・道鏡を迎えての盛大な歌垣が催された。歌垣に参加したのはそれぞれ古市郡と丹比郡に本拠を置く帰化氏族六氏で、「葛井・船・津」の三氏が菅野真道の出自氏族、「文・武生・蔵」の三氏が王仁を祖先に戴く西文氏なのである。真道の生い立ちのなかに百済系の有力帰化集団の日常的な交流関係が存在し、真道は西文氏の祖先伝承を利用して上表文を作成したと推測できるのである。

但し、Cと（一）（二）双方の所伝の内容には一つだけ決定的に相違する点がある。それは阿直岐と王仁とが百済王の宗族、すなわち百済王の子孫ではなかったということであるが、真道としては自己の先祖が百済王家につながる特別な血筋の人物である点をとくに強調する必要があったのである。彼の祖先が百済

王室の縁戚であり子孫であることが書紀文章の借用という非難を薄め、さらには彼の先祖と彼自身の毛並みの良さを強調することにつながるのである。しからば真道はなぜ敢えてこういう大胆な行為に出たのであろうか。あるいはまたこういうことがどうして可能となったのであろうか。

真道が自氏族の祖先の伝承をこうまでして飾り立てようとしたのは、『古事記』『日本書紀』という朝廷が編纂した公式文書のなかに、自氏族の始祖伝承が記載されていないという問題と共に、古く来帰したと伝えられていた有力な帰化氏族の始祖伝承が、右にその事例を掲記したように応神天皇の世に集中しているからである。真道としては、自氏族の始祖に当たる人物が東漢氏や西文氏と同じ応神朝頃の来帰として描くことができれば万全だったのである。

そこで彼はAとCの双方の内容を関連づけながら、辰孫王なる架空の人物の名を案出して貴須王の孫であることにし、Bでその父近肖古王の時代に百済国が貴国つまり神功皇后摂政の倭国と朝貢関係を結んだことを示し、次いでその関係の証となる史実として、C応神朝に辰孫王が天皇の要請により貴須王の指示を得て来朝してきたこと、さらには辰孫王が皇太子の師となって天皇・朝廷からの特別待遇を受けたことを証明しようとしたのである。これらの記述によって、真道の先祖が倭国王権に奉仕を開始した由来と経緯とが詳しく語られているだけではなく、引いては、百済王が倭国との交流関係を開始した当初以来自発的に日本天皇に対していかなる貢献・奉仕を行ってきたのかが、象徴的な筆致で描かれていることを確認する必要があるだろう。

二　菅野真道の先祖

桓武天皇に仕えた真道ら一族の祖先伝承が『日本書紀』には記載されていない事実を右に指摘した。それも当然のことで、真道の先祖が実際に渡来したのは六世紀とみられるのである。実は彼の祖先伝承は書紀に明記されているのであるが、誰が始祖であるのかという最も肝心な事柄については明確な記載がなかったのであり、幸か不幸かそのことは桓武朝に生きる真道にとって十分に満足のできるものではなかったというより、むしろその内容では桓武天皇の政治的要請に応えられるものではなかったのである。それゆえ彼は祖先系譜を大幅に潤色するだけではなく、より一層古い時期にさかのぼる空白の系譜伝承を造作する必要に迫られたのである。右にみてきたA・B・Cの一連の文章は、まさしく真道が自氏族の祖先系譜とその所伝とを大胆に造作・架上した跡を示すものである。

他方、右に記したように『日本書紀』には真道の実在の祖先伝承と考えられる記事が存在している。しかし、それらの記事の内容は家伝という性格上かなり断片的なものであり、真道の出自を明らかにするには不足の点が多いのである。そこで、真道はCに続く祖先系譜の伝記を新たに造作して上表文のDの位置に配し、その後に『日本書紀』の敏達元年五月条を参照してEの文章をつなげたと考えられる。Dは仁徳朝から四代にわたる祖先系譜を文章化したもので、Eの敏達朝初年の出来事につなげるという操作を行ったものとみられる。ここではまずEの伝記から検討してみよう。これは書紀の敏達元年五月条の記事が原拠となっている。比較的に長い文章であるが煩を厭わず引用しておこう。

天皇、皇子と大臣とに問ひて曰はく、「高麗の使人、今何にか在る」とのたまふ。大臣奉対して曰さく、「相楽の館に在り」とまうす。天皇聞して、傷惻みたまふこと極めて甚なり。愀然きたまひて歎きて曰はく、「悲しきかな、此の使人ら、名既に先考天皇に奏聞せり」とのたまふ。乃ち群臣を相楽の館に遣して、献る所の調物を検へ録して、京師に送らしめたまふ。

天皇、高麗の表疏を執りたまひて、大臣に授けたまふ。諸の史を召し聚へて、読み解かしむ。是の時に、諸の史、三日の内に、皆読むこと能はず。爰に船史の祖王辰爾有りて、能く読み釈き奉る。是に由りて、天皇と大臣と倶に為讃美めたまひて曰はく、勤しきかな、辰爾。懿きかな、辰爾。汝若し学ぶることを愛まざらましかば、誰か能く読み解かまし。今より始めて、殿の中に近侍れとのたまふ。既にして、東西の諸の史に詔して曰はく、汝ら習う業、何故か就らざる。汝ら衆しと雖も、辰爾に及かずとのたまふ。又高麗の上れる表疏、烏の羽に書けり。字、羽の黒き随に、既に識る者無し。辰爾、乃ち羽を飯の気に蒸して、帛を以て羽に印して、悉に其の字を写す。朝庭悉に異しがる。

欽明朝の末期にそれまで長らく敵対していた高句麗国がはじめて使節を派遣してきた。朝廷は使節団を山城相楽郡の客館に安置したままに時が過ぎ、敏達天皇が即位すると直ちに使節に対する応接が開始された。高句麗使節は国書を持参してきていたので、天皇がこれを読み釈くように諸史に命じたところ、王辰爾という名の人物が釈読に成功して天皇と大臣から讃美されるという栄誉に預かった。実はこの表疏は烏の羽に書かれたものであり、工夫をしないと読み解くことのできない代物であった。しかるに王辰爾はその謎をやすやすと見抜き釈読に至ったというのである。古い時期の渡来人より新来の渡来人（今来漢人）の方が文教の才が優れていることを強調しようとしているのだ。

子どもだましのような話であるが、この文の出所は「船史の祖王辰爾」とあるところから船史氏の家伝といえるだろう。Eの真道が造作した文章と比較してみると、まさしくEは書紀の伝記を参照し手本として書かれていることが了解でき、それが証拠にEには「斯れは並びに国史家牒に、詳かに其の事を載せたり」とある。「国史」とは書紀を指し、「家牒」は船史氏の保持する家伝・家記と推測されるからである。

王辰爾に関しては書紀の欽明十四年七月条にも著名な記事が載せられている。

樟勾宮に幸す。蘇我大臣稲目宿祢、勅を奉りて王辰爾を遣して、船の賦を数へ録す。即ち王辰爾を以て船長とす。因りて姓を賜ひて船史とす。今の船連の先なり。

この記事の年紀を信用すると王辰爾は六世紀前半の継体朝頃に渡来し欽明朝を中心に活躍していた人ということができ、大臣蘇我稲目の下で港津に係留される船の賦を数え録すという職務に就いていたことがわかる。文筆に堪能な能力を発揮した氏族に相応しい所伝であり、その故に船史という姓を授けられたとされるのである。「今の船連の先なり」とあるのは、船史氏が天武天皇の十二（六八三）年十月に連姓を賜ったことを反映するもので、右の記事がこの年以後に書紀に書き込まれた事実を物語っている。いずれにせよ、多くの誇張はあるとしても船史氏は有能な書記・計算能力を有する史部の氏族であったこと、そして船連の先祖が実は王辰爾であると主張されていることがこれらの記事から知られるのである。

真道の祖先は朝廷に仕えていた史（フミヒト）集団、とりわけ東西諸史（東漢氏・西文氏の配下に属する史部の集団）のどれよりも学問と文筆の業において優れているのだということ、その故に殿中に近侍するという特別の地位を与えられたということを強調した内容になっており、それはまさしく桓武天皇の側近に仕える真道その人自身にこそふさわしい文言になっていることが理解されよう。すなわち、真道は百済国から来朝した百済王室につながる人物の末裔で、有識・篤学の人物の子孫である自己の存在こそを、桓武天皇その人自身の手で認知してもらおうとしているのである。その有識・篤学の氏族の実像はDの文章によって明らかにされる。

Dでは、応神天皇の時に来帰した辰孫王の長子太阿郎王が仁徳天皇に近侍したと記す。この太阿郎王の子が亥陽君であり、その子が午定君であるとしている。午定君には三人の子息がおり、長子を味沙、仲子を辰尓、季子を麻呂と称したという。そしてこの三人が枝別れの起点として三姓の氏族になり、王権に仕える「所職に因りて以て氏を命じられた」とするのである。その三姓の氏とは「葛井・船・津連等」であると結んでいる。

ここで真道は自己の出身氏族を「葛井・船・津連等」という文ではじめて明確に記している。真道自身は津連に出自するわけであるが、葛井・船・津の三氏は皆同一の祖先から枝別れした同一氏族であると主張しているのである。真道にとって誇り得る最も歴史的に信憑性のある所伝は何といってもEの辰尓であった。辰尓のことは右にも掲記したように書紀に「王辰爾」と明記された人物であり、「船史の祖」とされていたので、午定君の仲子辰尓が王辰爾に該当することになる。

一方、真道が属する津連氏の祖は書紀の敏達三年十月条に「船史王辰爾の弟牛に詔して、姓を賜ひて津史と為す」とあり、牛という人物が津史氏の族祖と記されていた。真道の上表文では牛の名前が季子の麻呂という名に変えられているが、牛の名に関しては桓武天皇の生誕が丁丑（天平九）年の干支に当たるのを配慮し、当たり障りのない人名である麻呂に書き替えたと推測でき、伝承の錯誤とみなす必要はないと思われる。そうすると葛井氏の祖が長子の味沙ということになるが、真道の手元にあったと考えられる書紀の欽明三十年正月（一）と四月（二）の両条には次のような所伝が著録されていた。

（一）詔して曰はく、「田部を量り置くこと、其の来ること尚し。年はじめて十余、籍に脱りて課に免るる者衆し。膽津膽津は王辰爾が甥なり。を遣して、白猪田部の丁の籍を検へ定むべし」とのたまふ。

（二）膽津、白猪田部の丁者を検へ閲て、詔の依に籍を定む。果して田戸を成す。天皇、膽津が籍を定めし功を嘉して、姓を賜ひて白猪史とす。

この伝承は宮廷の記録や白猪史氏の家伝に依拠するものと認定されている。白猪田部とは吉備国の白猪屯倉に設置された耕作集団で、白猪史氏がこれらの農民の部を丁籍に登録するのに功があったところから屯倉の名となったものと考えられる。あるいは、王辰爾に縁りのある人物が白猪屯倉に定住して屯倉の経営に当たったので、白猪史の姓を授けられたとも推測される。そしてその丁籍を作成したのが「王辰爾の甥」に当たる膽津なる人物であった。

真道は書紀に明記されている膽津の事績を系譜作成の際に取り上げようとしなかった。なぜなら、膽津は「王辰爾の甥」と伝えるように味沙の子どもで、津連氏の直接の祖先ではなかったからである。『続日本紀』は養老四（七二〇）年五月、白猪史が葛井連に改姓したと記す。白猪史氏は真道の上表文では王辰爾の後裔氏族「三姓」からは除外されている。また『新撰姓氏録』に白猪の氏の名はどこにも登載されていない。この氏が奈良時代を経過するうちに衰微し、葛井連氏に転換していった事実を暗示するであろう。

それはともかく、真道が創作した祖先伝承では、書紀に大きくその存在をクローズアップされていた王辰爾なる人物に相応の注意を向ける必要があるだろう。

ところで、大阪府柏原市国分市場の大和川南岸に聳える松岳山には、四世紀後半頃築かれた大型の前方後円墳である松岳山古墳があるが、その同じ丘陵尾根上から出土したのが「船首王後墓誌」と呼ばれている銅製の墓誌である。長さ二九・七五センチ（中央）、幅六・八八センチ（中央）、厚さ〇・一センチ（上端）を測り、重さ一九九グラムである。表裏に各四行ずつ計一六二の文字を刻んでいる。今それらの原文を表裏ごとに記し、後に全体の読み下し文を併記しておく。

（表）惟船氏故王後首者是船氏中租王智仁首児那沛故首之子也生於乎娑陀宮治天下天皇之世奉仕於等由羅宮治天下天皇之朝至阿須迦宮治天下天皇之朝天皇照見知其才異仕有功勲勅賜官位大仁品為第
（裏）三殯亡於阿須迦天皇之末歳次辛丑十二月三日庚寅故戊辰年十二月殯葬於松岳山上共婦安理故能刀自同墓其大兄刀羅古首之墓並作墓也即為安保万代之霊基牢固永劫之宝地也

〔訓読〕
惟れ船氏故王後の首は、是れ船氏の中祖王智仁の首の児那沛故の首の子なり。乎娑陀宮に天下を治めたまひし天皇の世に生まれ、等由羅宮に天下を治めたまひし天皇の朝に奉仕す。阿須迦宮に天下を治めたまひし天皇の朝に至り、天皇照見して其の才異なるを知り、仕えて功勲あり。勅して官位大仁を賜ひ、品は第三と為す。阿須迦天皇の末、歳次辛丑に次る十二月三日庚寅に殞亡ぬ。故、戊辰年十二月、松岳山の上に殯葬す。婦安理故能刀自と共に墓を同じくし、其の大兄刀羅古の首の墓と並びて墓を作るなり。即ち万代の霊基を安保し、永劫の宝地を牢固にせむとするなり。

墓誌銘は辛丑年（六四一・舒明十三）十二月三日に亡くなった船氏の王後首を、戊辰年（六六八・天智七）十二月、松岳山に殯葬した旨を記している。その王後首の墓は婦人安理故能刀自と同穴にし、大兄（長子の意味）刀羅古首の墓に並べて造営したと記す。王後首は乎娑陀宮治天下天皇（敏達）の時代に誕生し、等由羅宮治天下天皇（推古）の朝廷に仕え、阿須迦宮治天下天皇（舒明）に異能を知られて功績があり、第三の位をあらわす大仁冠を賜ったとする。著名な推古朝の冠位十二階の上から第三の冠位を与えられたとするのである。しかし書紀には王後首の活躍のことは何も記されておらず、才異・功勲の語は誇張というべきであるかもしれないが、おそらく有能な史部として朝廷に仕えた人物であることは間違いあるまい。『日本書紀』推古十六（六〇八）年六月に来朝した隋の答礼使裴世清を難波津に迎接した船史王平や、筑紫に漂着した百済僧道欣の世話をした船史龍などがこの王後首と同一人物であった可能性がある。いま墓誌銘の記すところに従って王後首の系譜を図示すると次のようになるだろう。

王智仁首——那沛故首——王後首
　　　　　　　　　　　┃　　　刀羅古首
　　　　　　　　　安理故能刀自

船史氏の歴史を検討する上で一等史料ともいうべき右の墓誌銘には、船史氏の中祖を王智仁首としている。この王智仁首こそが書紀や真道の上表文にでる王辰爾（辰尓）その人とみられる。問題は墓誌銘では王智仁首を船氏の「中祖」と主張していることで、中祖の意味は一般に祖先系譜上の中興の祖と解してよいから、王智仁首は船氏の祖先系譜では始祖とみなされていなかった事実が明らかになる。七世紀中葉頃の船氏は彼らの祖先系譜において王智仁首を一応画期的な人物に位置づけてはいるものの、系譜自体はさらにそれより古くさかのぼるものとみなしていた事情を推察することができる。その場合、王智仁首以前の系譜をどのように考えるのかについては、次のような想定が可能であろう。

その一つは、当時の船氏は王辰爾より前の時代の祖先系譜を当然のことながら保持していたが、それはまだ来朝以前の系譜であり、渡来後の彼らにとっては直接必要にならない系譜であったために省略し、王辰爾を倭国渡来直後における氏族中興の祖とみなしたとする想定である。故国を離れて時間が経過するにつれ、倭国の王権に仕える氏族として自分たちの新たなアイデンティティーを確立しようとしている彼らにとっては、来朝以前の時期の系譜はさほど意味のないものであった可能性が高く、当時の王権も奉仕関係のない渡来人の先祖には関心をもたなかったのである。それ故、辰爾以前の系譜は時間の経過とともに忘失されていったと推測されるのである。

今一つの想定は、船氏は他の有力渡来氏族への対抗意識の上で、王辰爾の来朝時期が余りにも新しいため、もっと古い時期の来帰を造作する必要があったとするものである。先にも述べたように応神朝を来朝の時期と公言する有力氏族があるなかで、船氏の先祖の渡来時期は事実上かなり新しいのである。そこで系譜の造作・架上が進められ、上表文Dにでる太阿郎王―亥陽君―午定君の系列はそのために捏造された架空の人名と考えるのである。因みに、人名の末尾にある君は姓（カバネ）の君ではなく百済など半島諸国の首長が名乗った敬称（キシ）に由来する。そうすると、来帰後三世代にわたり辰爾の先祖は倭国王権への明確な奉仕関係をもたないままに経過し、長期間にわたり異国の客分としての身位を持続したことになるのであって、これは事実としてはかなり不自然な系譜だといわなければならず、やはりDは桓武朝の真道が自ら偽造した系譜だと評しなければならないであろう。

ところで、『日本書紀』皇極四年六月条には、乙巳の変の折、船史恵尺が大臣蘇我蝦夷の邸宅からあやうく焼失の危機にあった「国記」を救い出したとある。恵尺は文筆の能力を買われ蘇我大臣の下で「天皇記・国記」の編纂に従事していた文人の一人であった。その彼が自氏族の祖先系譜の問題に無関心であったとは到底考えられない。しかし、恵尺には自氏族の祖先が百済王家につながる人物だとするような確かな伝承や発想はまるでなかった。なぜならほぼ同世代の王後首の墓誌にそのような記述がみられないだけではなく、王辰爾以前の祖先の名と事績とが『日本書紀』にも一切記載されていないからであり、先ほど引用しておいた欽明十四年七月条と敏達紀元年五月条の王辰爾に関する所伝のほかには、船氏の始祖伝承は採択されてはいなかったからである。

そこで当然次のことが推測できるであろう。それは王辰爾こそが船氏の真の始祖であるということである。右に述べた二つの想定のいずれを採るにせよ、結局船氏の確実な祖先、つまり引いては葛井・船・津史らの実際上の先祖は王辰爾の世代にまでしかさかのぼらないのではないだろうか。

三　王辰爾の後裔氏族

それでは王辰爾はいつ頃何を契機として来朝したどういう素性の人物なのであろうか。実は王姓の人名が『日本書紀』に集中して出てくるのは、応神朝の王仁を除くと六世紀前半から中葉にかけての頃、継体・欽明朝の時期である。とくに注意される記事としては欽明十五年二月条を挙げることができる。

百済、下部杆率将軍三貴・上部奈率物部烏らを遣して、救の兵を乞す。よりて徳率東城子莫古を貢りて、前の番奈率東城子言に代ふ。五経博士王柳貴を、固徳馬丁安に代ふ。僧曇彗ら九人を、僧道深ら七人に代ふ。別に勅を奉りて、易博士施徳王道良・暦博士固徳王保孫・醫博士奈率王有陵陀・採薬師施徳潘量豊・固徳丁有陀・楽人施徳三斤・季徳己麻次・季徳進奴・対徳進陀を貢る。皆請すに依りて代ふるなり。

六世紀前半から中葉にかけての百済は、高句麗・新羅との対立関係のなかで軍事的に窮する面が多々あった。すでに四七五年には高句麗の圧倒的な軍事力の前に蓋鹵王が害され、百済王権が一旦滅亡するという危機にさらされる。このことにより百済は同年都を漢城から熊津（公州）に遷さざるを得なくなった。北方で領域を狭められた百済はやがて半島西南部から南部地域に進出を開始する。六世紀に入ると智證王・法興王の下で新羅が国勢を増強しはじめ、領土を四方に拡張する政策を展開するようになり、半島南部の加耶諸国に触手を伸ばしはじめ、百済との対立と緊張が増幅することになる。高句麗の圧迫を受けた百済はさらに五三八年、熊津から泗沘へと遷都して頽勢の挽回を図ろうとする。聖明王が仏教を欽明天皇の朝廷に伝えたのも同じ年の出来事であり、倭国に軍事援助を求める反対給付として仏像・経典・僧侶を派遣したものと考えられている。その百済と新羅との対立は五五四年の百済聖明王の戦死という事件をもって頂点に達した。

このように、六世紀前半から中葉頃の百済は国力が全般的に弱体化しており、古くから同盟関係を締結していた倭国王権に軍事援助を要請しなければならない事情をかかえていた。一方の倭国王権の側も、中国や朝鮮半島の優れた文物を確保する必要上百済王権のこの要請を進んで利用することが得策であった。当時の百済は南朝の梁との交流を盛んに展開していたので、中国の文物を提供することで倭王の関心を惹きつけるという狙いから、江南の文物や文人を軍事援助の見返りとして送り込んできたのである。

継体紀七年六月条には「百済、姐弥文貴将軍・州利即爾将軍を遣して、穂積臣押山に副へて、五経博士段楊爾を貢る」とあり、将軍である百済王の使節が五経博士と呼ばれる知識人を倭国に送り込んできているという取り合わせはまことに象徴的である。五経博士とは前漢の武帝の時代に設置された易経・書経・詩経・春秋・礼記を教授する儒家のことであるが、百済王廷には三世紀以前の楽浪郡に居住していた中国人の末裔や、有名な日羅のごとき倭国出身の豪族、戦乱続きの加耶から難を避けて移住した人々、百済王の要請で江南から送り込まれていた中国系文人・僧侶・技術者らが多数仕えていたようで、右の史料にみえる段楊爾もそうした国際人であった可能性が高い。博士らは交代・上番制で彼我を往来したが、段楊爾は継体紀十年九月条によると漢高安茂という人物と交代する形で帰国している。

こうした経緯を念頭において先の欽明紀十五年二月条を読んでみると、五経博士や暦・醫・易・楽などの諸博士のなかに王姓を名乗る人物が数多く含まれていることに気づくだろう。彼らはおそらく中国南朝系の人々で、ほとんどの者は上番期間を終えると百済に引き上げたと推測できるが、一部の者は倭国に留まって王権に奉仕する道を選択した場合があったのではあるまいか。王辰爾は五経博士ないしその他の博士であったか、あるいはその弟子などであった蓋然性も想定されるが、いずれにせよ倭国に定着する道を選んだ百済王権に仕える南朝人であったとみられるのである。辰爾は該博な知識をもつ文人で、実際に王権から住むべき土地と職掌とを与えられて繁栄し、やがて三姓に枝別れする氏族の始祖となったというわけである。

ところがその遠い後裔たる真道は、彼自身の利害関係にまつわるのっぴきならない野心と、桓武天皇からの特別な政治的要請とを受けて、三姓の本系は百済王室にありと称するようになったのである。真道が造作した貴須王の孫辰孫王なる人物は、用字の点からみても王辰爾という実在の先祖の名から発想したもののようであり、さらには百済王室の系譜に繋げた由来が辰爾の王姓にあったのであろう。先ほど述べたように、この王姓は事実上百済王の後裔に由来するというより南朝人の姓に起源があるだろう。奈良時代後期以後、諸蕃（帰化系）の系譜を中国古代の皇帝に仮冒するという傾向が強まっていたが、真道は敢えて百済王家の後裔であることを選択したのであり、その点に桓武天皇の強い政治的意向・意図がみえ隠れするわけである。

百済貴須王の孫で応神天皇に仕えた辰孫王、仁徳天皇に近侍した太阿郎王、欽明・敏達両天皇に奉仕した王辰爾らは、いずれも学問・文教の職に秀でた才能の持主だと伝承された。桓武天皇に仕える菅野真道も彼の先祖たちと同質・同類の関係を王権との間に再現することにより、百済王権の日本王権への奉仕関係や従属性の歴史的由緒と経緯とが、すなわち百済王を従える日本帝国の構造が百済建国以来桓武朝の現在に至るまで連綿として続いている事実を語ろうとしているのが、まさしく冒頭に掲げた真道の上表文であるとみられるのである。

周知のごとく王辰爾の本拠地は河内にあったようで、その後裔の葛井・船・津三氏は河内国丹比郡野中郷（大阪府羽曳野市野中付近）を中心とした地域に居を構えていた。葛（藤）井寺は葛井（白猪）氏の、野中寺は船氏の、式内大津神社は津氏にそれぞれ縁りのある遺跡である。いずれも羽曳野丘陵の北部先端に当たる地域で、付近には五世紀代を中心に築造されたヤマト王権の大王陵を含む古市古墳群がある。王辰爾の子孫たちはその古墳群からみてやや西北側の比較的に高燥な地域に定着したのである。

先ほど紹介した船王後首らの墓域は、本拠地より東におよそ六キロ離れた安宿郡の松岳山に所在したが、津連真道は延暦十八（七九九）年三月十三日付けの上言で、「己らの先祖、葛井・船・津三氏の墓地は、河内国丹比郡の野中寺以南にして、名を寺山と曰ふ」と弁じ、「子孫相い守り、累世侵さず」と述べているので、三氏の主たる墓域は本拠地南辺の丘陵部に設定されていたことがわかる。彼らがこの地に居所を営んだ理由は、付近が大和と河内を結ぶ幹線交通路の要衝に当たっており、具体的には王都と難波大津を結ぶ河川・陸上交通路のちょうど中間地点を占めていることから、西日本や海外から王都に運ばれてくる諸物資を検閲し記録するのに最も適した地点であることによろう。

先に引用した『日本書紀』欽明十四年七月条に、王辰爾は蘇我稲目大臣の命令を受けて船賦を数録する任務に就いたとされ、また敏達元年五月条では、同じ王辰爾が外交の実務に参与し、来朝した高句麗使節がもたらした国書を読解するという任務を担当したと伝えている。王辰爾の任務は実際には使節が携行した物品と目録との照合や検閲・管理などであると考えられ、さらに欽明三十年に吉備白猪屯倉での膽津の事績についても、屯倉の田部とその丁籍の管理や税物の検閲・管理・輸送などの業務を担当したと考えられるのである。

ところが、こうした職務も太政官制や国郡司による地方支配制度によって統一的に運営される七世紀末頃になると廃止され、王辰爾後裔氏族もまた他の氏族同様律令官人として新たな途を歩むための方策を図る必要に迫られる。その場合、彼らは伝統的に文人・知識人としてのさまざまな技術・知識をもち伝えていたので、比較的スムーズに官人化の途を歩むことができたようである。但し、彼らは帰化氏族として中央の政治機構のなかでは中・下級官人としての地位を占めるのがやっとであった。それは何よりも天武朝の八色の姓の恩典に漏れ高級官僚を出す氏族として認定されなかったことにもよるが、始祖である王辰爾をはじめその子孫たちが総じて強勢の氏族でなかったことも一因であろう。しかしながら、そのようななかで三氏からは特徴のある注意すべき人物が多数輩出しているのである。

それらをここでいちいち紹介していると紙幅が不足する恐れがあるため、表2に一覧して示すことにするが、表をよくみると興味深い問題が潜んでいることがわかるだろう。その一つは、葛井・船・津三氏は律令政治機構においては中・下級官人の供給源であったに過ぎないけれども、渉外活動と外国文化の流入

表2　王辰爾後裔氏族（葛井・船・津・白猪）

年　紀	人　　名	位　階	官職その他の事項
推古16年	船史王平		隋使裴世清迎接
推古17年	船史龍		百済漂流民尋問使
皇極4年	船史恵尺	小錦下	天皇記国記編纂
文武4年	白猪史宝然（骨）	務大壹	入唐留学生・撰定律令
大宝元年	白猪史阿麻留	進大肆	遣唐使少録
霊亀2年	船連秦勝	正五位下	因幡守・造雑物法用司・出雲守
養老3年	白猪史広成	従六位下	大外記・遣新羅使
養老6年	津史主治麻呂	正七位下	式部大録・遣新羅使
養老7年	船連大魚	従五位下	民部大録・東宮侍候
神亀3年	葛井連毛人	従五位下	豊前掾
天平2年	葛井連大成	外従五位下	筑後守
天平3年	葛井連人根	外従五位下	伊賀守
天平3年	船連薬	外従五位下	
天平8年	葛井連子老		遣新羅使
天平10年	船倉人		武蔵少目
天平14年	船連多麻布	従八位上	治部少録
天平15年	葛井連広成	外従五位下	検校供客使
天平17年	葛井連馬主	正七位上	左馬寮大允
天平18年	船連吉麻呂	外従五位下	丹比郡野中郷戸主
天平18年	船連家足	正七位上	近江少掾
天平20年	船連田作	正八位上	山背国史生
勝宝5年	船連田主		造東大寺司写経所
勝宝6年	船連夫子	外従五位下	大唐学問生
勝宝8年	船連蔵足	従七位下	美濃少目
勝宝8年	船連以麻呂	正七位上	大和大目
宝字元年	葛井連諸会	従五位下	右大史・山背介・相模守
宝字2年	葛井連恵文	外従五位下	左京六条三坊戸主
宝字8年	船連小楫	外従五位下	右京大属・主税助
宝字8年	船連腰佩	外従五位下	越後介
景雲元年	船連庭足	外従五位下	摂津少録・左京大属
景雲元年	船連大長	少初位上	造東大寺司写経所領
景雲2年	葛井連立足	従五位下	参河目・鎮守軍監・播磨介・若狭守
景雲3年	津連真麻呂	従五位下	治部少録・摂津大進・肥前守
宝亀元年	船連東人	外従五位下	上総大目・摂津大進
宝亀元年	船連浄足	外従五位下	由義宮歌垣奉仕
宝亀元年	船連虫麻呂	外従五位下	由義宮歌垣奉仕
宝亀4年	葛井連豊道	従六位上	大宰大典
宝亀4年	津史秋主	従四位下	尾張介・尾張守・造西大寺次官
宝亀6年	葛井連荒海	正六位上	造東大寺司少判官
宝亀11年	葛井連根道	外従五位下	造東大寺司判官・写経所別当・伊豆守
宝亀11年	船連住麻呂	外従五位下	官奴正
宝亀11年	葛井連河守	外従五位下	右衛士少尉・伊賀守・遠江介・木工助
天応元年	葛井連犬養	正七位下	造東大寺司大判官・参河目
延暦3年	船連田口	外従五位下	陰陽助
延暦4年	葛井連広見	従五位下	
延暦10年	葛井連根主	正五位下	造宮少輔・木工頭・伊予守・大膳亮
延暦10年	葛井連道依	正五位下	内匠頭・春宮亮・越後守・賜姓宮原宿祢

※位階については当該人物の極位を記載。空白は位階・官職が不明。
※白猪史広成と船連広成は同一人物である。

に大きな役割を果たした人々をすこぶる多く輩出しているという点である。

遣外使に任じられ頻繁に海外に赴いた人物が多数いるだけではなく、仏教の分野でいえば、法相宗の初伝は船氏出身の道昭（飛鳥寺）が注目されるし、同じく船氏からは慈訓（興福寺）が出て華厳教学の発展に参与し、葛井氏出身の慶俊（大安寺）も三論から華厳教学に転向した著名な僧侶である。また唐僧鑑真の来日に奔走した普照（西大寺）は白猪与呂志女の子であると伝えている。井上光貞が指摘したかかる外国文化に対する反応の速さや文化の根底にある思想・技芸を的確に捉える氏族としての特性や傾向は、おそらく王辰爾以来保持されてきた伝統で、それが奈良時代にも一貫して持続しているということである。さらにまた、外国文化との持続的な接触は国内文化の培養にも大きな影響を及ぼしており、多様な学問分野で名を後世に残した人が多数いることがわかる。

もう一つの問題は、葛井・船・津三氏のうち、津氏が官人・文人として活躍した人物をほとんど出していないこと、すなわち津氏は葛井・船両氏と比較するとかなり弱体の氏族であったという事実である。現に葛井氏は養老四（七二〇）年五月に白猪史から改賜姓して葛井連となっており、船氏は天武十二（六八三）年十月、他に先んじて連姓を授けられたことは前述した。すなわち表にも顕著に現われているように、姓の賜与の順序とそれぞれの氏の勢力がほぼ比例していることがうかがわれるのである。津氏は奈良時代後期の天平宝字二（七五八）年八月まで津史姓のままであった。『続日本紀』同年八月二十七日条にはその辺りの事情を次のように記している。

外従五位下津史秋主ら三十四人言す。船・葛井・津は、本是れ一祖にして、別れて三氏と為る。其れ二氏は連姓を蒙り訖んぬ。唯だ秋主らは未だに改姓に霑おわず。請ふらくは史の字を改めむ。是に於て姓津連を賜ふ。

津史氏はこの時点でようやく葛井・船両氏と同じ連姓を獲得したのである。

右の言上の代表者である津秋主は翌宝字三（七五九）年十一月に内位に転じ、尾張介・尾張守・造西大寺次官などを歴任し、宝亀四（七七三）年閏十一月に従四位下・勲六等をもって没した。また、神護景雲元（七六七）年三月に津連真麻呂が外従五位下で摂津大進に、その後同三（七六九）年十二月肥前守に任じられているが、真道以前に官人として目立つのはこれくらいで、右の賜姓から三一年後の延暦九（七九〇）年七月、津連真道が上表文を奉呈して菅野朝臣という貴姓を賜与されたことは、津氏及びその同族にとってはまさに破天荒な出来事であったことが明瞭であろう。

なぜならこれ以前において帰化氏族で朝臣の姓を授けられた事例には高倉朝臣福信（高句麗系渡来氏族肖奈氏の出身・天平勝宝二年正月賜高麗朝臣姓、宝亀十年三月高倉朝臣賜姓）、百済朝臣（余益人ら四人・天平宝字二年六月賜姓）、和朝臣（和史国守ら三五人・延暦二年四月賜姓）などの三つの事例があるだけだからである。因みに、真道が貴姓を得たことは、早くも翌延暦十（七九一）年正月十二日に次のような影響を葛井連・船連の氏人及び同族らに及ぼしているので関連記事を『続日本紀』から引用しておこう。

春宮亮正五位下葛井連道依、主税大属従六位下船連今道等言す、葛井・船・津連等は、本一祖より出でて、別れて三氏と為る。而るに今津連等は幸いにして昌運に遇ひ、先に朝臣を賜る。而るに道依・今道等は猶連姓に滞る。方今、聖主照臨し、在幽盡く燭し、至化潜運し、稟気仁に帰す。伏して望むらくは、同じく天恩に沐し、共に改姓を蒙らむと。詔して之を許し、道依等八人には姓宿祢を賜ひ、今道等八人には居に因りて宮原宿祢を賜ふ。又対馬守正六位上津連吉道等十人に宿祢を賜ひ、少外記津連巨都雄等兄弟姉妹七人には、居に因りて中科宿祢を賜ふ。

（『続日本紀』延暦十年正月十二日条）

菅野真道が三氏のなかで一躍朝臣姓を得たため、同族内では葛井氏・船氏らの連姓が相対的に卑姓に転化してしまったのであり、今度は彼らが貴姓の獲得を競望し、おそらく真道の積極的な運動によって宿祢姓や宮原宿祢姓を賜ることになり、それと同時に真道は自分の族人である吉道・巨都雄らにも中科宿祢という氏姓を賜るように配慮したことが手に取るようにわかるだろう。これらの動きはみな桓武天皇とその侍臣菅野真道との親密な政治的関係から生じた現象としなければなるまい。

四　菅野真道の官歴

菅野朝臣真道は天平十三（七四一）年に津史山守の子として誕生し、弘仁五（八一四）年六月二十九日、前参議常陸守従三位をもって七四歳の高齢で没した。彼の官歴ははなばなしいもので、光仁天皇の宝亀九（七七八）年からはじまって嵯峨天皇の弘仁二（八一一）年正月に致仕するまで、およそ四代の天皇（光仁・桓武・平城・嵯峨）に不可なく仕え、主に文官の途を歩んだ文人政治家と評し得る人物である。しかも帰化系氏族出身者で国政審議官たる参議に上り詰めたのは真道が二人目であった。真道の官歴の詳細につい

表3 菅野真道（天平十三〔七四一〕年～弘仁五〔八一四〕年）の官歴

年次	位階	官職	備考
宝亀9		少内記	
宝亀11		近江少目	
延暦元		右衛士少尉	
延暦2/1/20	正六位上→外従五位下		
2/5/15	外従五位下	右衛士少尉・近江大掾	
延暦3/4/2	外従五位下	右衛士大尉・近江大掾	
3/11/6	外従五位下	左兵衛佐	長岡京遷都
延暦4/11/25	外従五位下→従五位下	左兵衛佐・東宮学士	安殿親王立太子
延暦7/2/6	従五位下	左兵衛佐・東宮学士・伊予介	
7/6/8	従五位下	左兵衛佐・東宮学士・伊予介・図書助	
延暦8/1/6	従五位下→従五位上		
8/2/4	従五位上	図書頭・左兵衛佐・東宮学士・伊予介	
8/9/19	従五位上	左兵衛佐	喚問征討将軍等
延暦9/3/10	従五位上	図書頭・伊予守・東宮学士・左兵衛佐	上表文奉呈
9/7/17	従五位上	図書頭・伊予守・東宮学士・左兵衛佐	改氏姓菅野朝臣
延暦10/1/28	従五位上	東宮学士・治部少輔・左兵衛佐・伊予守	
10/7/22	従五位上→正五位下	伊予守	伊予国白雀献上
延暦11/2/10	正五位下	治部大輔	
11/6/3	正五位下	民部大輔	
延暦12/9/2			班給新京宅地
延暦13/1/7	正五位下→正五位上	民部大輔	

13/8/13	正五位上	民部大輔・東宮学士・左兵衛佐・伊予守	撰修国史
13/9/15	正五位上↓従四位下		平安京遷都
延暦14/2/9	従四位下	左兵衛督	
14/2/22	従四位下	造宮亮	
延暦16/2/13	従四位下↓正四位下	民部大輔・左兵衛督・東宮学士	続日本紀完成
16/3/11	正四位下	左大弁・東宮学士・左兵衛督・伊勢守	
16/9/4	正四位下	勘解由次官	
延暦18/3/13	正四位下	左大弁・右衛士督・東宮学士・伊勢守	河内寺山を族人の墓域と認定
18/10/2	正四位下	左大弁	賜信濃国地百町
延暦20/閏1/1	正四位下	相模守	
延暦23/8/26	正四位下	左大弁・東宮学士・左衛士督・但馬守	紀伊国行幸御後長官
23/10/7	正四位下	左大弁	献物・賜綿二百斤
23/11/27	正四位下	左大弁・東宮学士・但馬守	監僧綱政
延暦24/1/14	正四位下	参議	
24/12/7	正四位下	参議・左大弁	徳政論争
大同元/1/28	正四位下	参議・大宰大弐	
3/17			桓武天皇没
5/18	正四位下↓正四位上	参議・大宰大弐	平城天皇即位
大同3/4/3	正四位上	山陰道観察使・民部卿	摂行東海道事
3/6/28	正四位上	左大弁・山陰道観察使	
3/11/4	正四位上	左大弁・大蔵卿	
大同4/3/30	正四位上↓従三位		
弘仁2/1/21	従三位	参議・宮内卿・常陸守	上表致仕常陸守如故
弘仁5/6/29	従三位	常陸守	薨（74歳）

て、とくに桓武天皇が主催した国史編纂事業との関連を中心にしながら述べることにする。

ところで、真道に関わって歴史上に最も著名な事件は延暦二十四（八〇五）年十二月の次の件といえよう。

是の日、中納言近衛大将従三位藤原朝臣内麻呂殿上に侍る。勅有りて、参議右衛士督従四位下藤原朝臣緒嗣と、参議左大弁正四位下菅野朝臣真道とに天下の徳政を相論せしむ。時に緒嗣議して云はく、方今天下の苦しむ所は、軍事と造作となり。此の両事を停めば、百姓安んぜん。真道異議を確執して、肯んじ聴さず。帝は緒嗣の議を善しとし、即ち停廃に従う。有識これを聞きて感歎せざるは莫し。

治世の終わりを自覚しはじめた桓武天皇は、国家的な二大事業であった軍事（征夷）と造作（造都）の継続・停廃を信任していた二人の貴族官僚に諮問したのである。若き俊英緒嗣が天皇の意向を察知して停廃を主張したのに対し、六五歳の老境に到っていた真道はあくまでも継続すべしと論じた。延暦十六（七九七）年九月に令外官の勘解由使が設置され京官・国司らの政績を厳しく監察・審査する制度が成立する。真道は事実上初代勘解由使次官を務めたようで、次代の平城朝で勘解由使を観察使に解消しようとした藤原緒嗣と対立していた。緒嗣は真道が強化しようとした解由制度の不備を指摘し、国家財政の破綻をもって二大事業の継続を批判したのであろう。ただし、真道の真意がここに記されていることと同じであったかどうかは明確ではなく、むしろ彼自身も停廃を是としていたのではないかと憶測される。御前での論議が成立するためには異論・反論止むなしということであったといえるのではなかろうか。有識が感歎したというのは緒嗣の直言と真道の老獪を含めてのことと考えられる。この年のはじめに突然真道が参議に特任されたのも、天皇が彼の有能と功績を知悉していたからでもあろう。さらに、真道は桓武天皇その人の心底を推し量ることのできる側近官僚の一人でもあったのである。

真道が官界に進出したきっかけははっきりとはわからない。彼の任官が確認できる最初は三八歳の年、光仁天皇の宝亀九（七七八）年二月に少内記に任じられたことである。少内記は中務省の被官で「詔勅を造り、凡て御所の記録の事を掌る」という文才ある者の就く任であった。真道はその頃にはすでにその文人としての学識を広く知られていたようである。

その後近江少目・右衛士少尉を経て延暦二（七八三）年正月、「夙夜公に在りて、恪勤懈らず」という勤務ぶりを賞せられ、外従五位下の叙位にあずかった。真道四三歳の時である。その年五月には右衛士少尉と近江大掾を兼任し、翌三年四月右衛士大尉に、同十一月には左兵衛佐に就任した。これは左兵衛府の次官に当たるポストで、宮城諸門内の警備に当たる兵衛らを督察し非違を検察する任務を担当した。延暦三年は長岡遷都の当年であり、六月に突如遷都計画の発表があり、十一月には慌ただしく遷都が行われた。真道の左兵衛佐任官は遷都に対する反対派の不穏な動きがあるなかで、信頼の置ける人物を天皇親衛軍の実務的に枢要なポストに配置するという措置の一環であろう。

次いで真道が四五歳になった延暦四（七八五）年十一月、内位の従五位下に転進し、同時に左兵衛佐のままで東宮学士に任ぜられた。東宮すなわち時の皇太子は桓武天皇の子安殿親王（後の平城天皇）であり、天皇は真道の学識と精勤とをもって皇太子の教育と訓導にあてようとした。同年九月には藤原種継暗殺事件が勃発し、十月に事件の首謀者と断ぜられた早良親王が廃太子となり憤死するという事態が発生する。

天皇は実子安殿を皇太子に任じ、その側近に真道を据えたのである。このことからは彼がいかに天皇の信任厚い人物であったかが推察されるのであり、東宮学士の任は桓武朝の終末まで続いたようで、天皇が真道に期待するところがいかに大きかったかが推し量られよう。

その後、延暦七（七八八）年二月伊予介を兼ね、同六月には図書助をも兼任することとなる。翌八年正月には従五位上に昇叙し、三月図書頭となる。中務省図書寮の長官である。彼が律令制官司の長官に就任したのはこれがはじめてで、翌九年三月時点での真道の肩書きは従五位上の位階を帯し「図書頭・伊予守・東宮学士・左兵衛佐」という劇官の兼任であった。これら四職のうち真道が得意としたのはいうまでもなく図書頭であり、その任は養老職員令に「経籍・図書、国史を修撰し、内典・仏像・宮内の礼仏、校写・装潢・功程、紙筆墨を給ふことを掌る」とある。経籍とは一般に礼記・周易・尚書・毛詩・春秋左氏伝・公羊伝・穀梁伝などの儒教に関する古典を意味し、図書は令集解の説明にもあるように「河図洛書之類」で、陰陽五行説・讖緯説をはじめとする道家の哲学・自然科学・俗説を集成した書籍群と考えてよい。すなわち、図書寮には儒教・道教・仏教や中国の史書などに関係する多種多様な内外の典籍が保管されていたのであり、真道はこれらを自由に閲覧する立場にあったわけである。しかも本寮には国史編纂という重い任務も課せられていた。延暦十六（七九七）年二月、史上第二の勅撰国史である『続日本紀』が完成し、真道と秋篠朝臣安人・中科宿祢巨都雄の三人がこれに携わったことが『日本後紀』延暦十六年二月十三日条（『類聚国史』巻百四十七・国史）に明記されている。

秋篠安人は延暦元（七八二）年五月に土師宿祢姓を改めて秋篠宿祢に変わり、同九年十二月には亡き高野新笠の母家に当たる毛受腹の土師宿祢が大枝朝臣を授けられたのに連動して、秋篠朝臣の姓を賜っていることから明らかなように、桓武天皇及びその生母高野新笠の姻戚に連なる人物であった。続紀完成時の官位は従五位上左少弁兼右兵衛佐丹波守であり、即日に正五位上を賜与されている。また中科宿祢巨都雄については、先ほど引用した史料によると延暦十年正月に少外記で津連姓であったが、兄弟姉妹七人と共に「居に因りて中科宿祢を賜った」人物で、明らかに真道の同族である。巨都雄がこの時に改賜姓に預かったのは前年の真道の改姓と関係があるとみられ、むしろ彼の梃入れによって改姓が実現したものと推定してよかろう。巨都雄はこの後いずれかの時点で「撰日本紀所」に出仕し、真道と共に『続日本紀』の編纂を完成させたと考えられる。続紀完成時の官位は外従五位下大外記兼常陸少掾であり、当日に内位の従五位下を授けられた。真道・安人・巨都雄の三人はいずれも桓武天皇の縁戚に連なる有能な文人であったことが明らかである。

『続日本紀』は文武天皇の元（六九七）年から桓武天皇の延暦十（七九一）年までの九代九五年間の歴史を記したもので、四十巻から成る編年体の正史である。実は『続日本紀』編纂の経緯についてはその基礎となる文書・史籍類に問題があったところから、かなり複雑な様相を呈しており、編纂が企図されたのは光仁天皇の時代であったが、本格的な事業の開始時点は延暦十年とみられる。巻二十一〜巻三十四（天平宝字二年八月〜宝亀八年十二月）が完成したのは延暦十三年八月であり、右大臣藤原朝臣継縄・菅野真道・秋篠安人が編纂の主要メンバーであった。その後延暦十三年から十六年の四年間に巻三十五〜巻四十（宝亀九年〜延暦十年）の六巻が完成奏上されたらしく、最後に巻一から巻二十（文武元年〜天平宝字二年七月）が延暦十六年に完成した。複雑な選修経過についてはここでは一切言及しないが、いずれにせよ『続日本紀』の編纂に一貫して関わった人物こそが菅野真道であることには疑いがない。

先ほど指摘したように、真道はすでに延暦七年六月図書助に任官し、八年三月には図書頭に昇進している。『続日本紀』の編纂に当たった令外官「撰日本紀所」が設置されたのは延暦十年のことであるが、桓武天皇は真道を図書頭に据えた時点で国史撰定の事業を密かに開始していた可能性が十分にあるのではなかろうか。真道は天皇の意向を受け、図書寮に保管されている光仁朝に着手された国史編纂のための史料の収集・検討などの準備作業に携わっていたと推測されるのである。真道が図書頭を離れたのは延暦十年三月に後任の長津王と交代した時であろうから、「撰日本紀所」に出仕するのに合わせて降任したのだと考えられる。

桓武天皇が延暦十年を基点に『続日本紀』の編纂を開始したのは、延暦四年に起きた藤原種継暗殺事件・長岡京遷都や同四年及び延暦六年に執行した交野の郊祀、延暦八年末の実母高野新笠の亡没と諡号奉呈などの事績を盛り込むことが意図されていたと考えられる。『続日本紀』において奈良時代の天武系皇統から天智系皇統への皇統交替の経緯の記述とその歴史的正当化が図られ、新皇統の始祖たる立場に立った桓武天皇は、それに見合う独自の新国家構想を実現し記録に留めようとしたと考えられるのであり、菅野真道こそはそうした天皇の計画と意向に適任の侍臣であったのである。

人間の死はいつ来るかわからない。延暦七年五月には藤原百川の長女夫人旅子が三〇歳で、延暦八年末の皇太夫人新笠の亡没直後、九年閏三月には皇后藤原乙牟漏が三一歳の若さで亡くなっている。同年九月以後には皇太子安殿親王が原因不明の病気に悩まされることになる。相次ぐ近親の死去や皇太子の病疾という事態に危機感を懐いた天皇は急いで国史編纂を実現する必要性を痛感したのではないだろうか。そのための史料集成はすでに真道の手で着々と進められていたから、既定の計画通り編纂の実務は推し進められたといえよう。こうした点からいうと真道の功績はきわめて大きく、真道自身は桓武天皇の政治的構想の実現に寄与した最大の功労者の一人というべきであろう。そのあらわれが彼の上表文奉呈に関わる記事の内容であり、それが天皇の懐いていた新しい国家構想を補完する機能を果たしていたことを最早疑う余地はないであろう。では桓武天皇の新国家構想とは何であるのかについて、次節でまとめてみることにしよう。

五　日本帝国と諸蕃

桓武天皇は七代七五年にわたり続いた大和国の平城京を捨て、山背（城）国に長岡・平安両京を相次いで造営した。天皇が平城京を停廃した理由にはさまざまな問題が絡んでいるようであるが、最大の要因は天命思想にもとづく天智系皇統にふさわしい王都の構築にあり、天武系皇統が作り上げてきた国家の再構築とその新たな政治的拠点（「帝皇之邑」〔『続日本紀』和銅元年二月十五日条〕）の造営を目指したと考えられる。桓武天皇は大宝・養老律令に規定され構造化された前代までの国家体制を否定しようとするものではなく、その本質的な部分を継承しながらも、天皇が治世を挙げて自ら実践した諸政策の成果と独自の構想を加味して新たな帝国国家の首都を建設しようとしたのであり、平安京は日本天皇制的帝国国家の本質・特性を凝縮した国際都市として建設されたとみることができる。

造都とともに精力的に推進されたもう一つの蝦夷征討戦争は、桓武天皇の国家構想がいかなる性格・本質のものであるかを端的に示している。天皇の教化・徳化に反抗する辺境地帯の蝦夷を国家の総力戦で征圧し、領域の拡大と蝦夷の公民化を推進して、中華帝国の覇者としての天皇の権力・権威を化内（華夏＝天皇の統治領域）に確立するという目的があったのである。天皇の強力な支配権が既定の化内だけではなく化外（蛮夷の世界）にも及ぼされ、夷狄が自発的な態度をもって天皇に平服し朝貢するという関係の構築は七世紀の阿倍比羅夫の北征以来の事業であったが、桓武朝の征夷はそれまで行われてきた断続的な叛逆行動への個別的・臨機的な対応という性格のものではなく、国家の総力を挙げた計画的・意図的な夷狄征討戦争なのであり、華夷双方の世界を強力な統治力によって領べる中華帝国の皇帝像の形成と実現が目指されたのである。

桓武天皇が構想した帝国像・皇帝像は対外的・国際的な関係領域にも及ぶものであり、ここにこそ桓武朝の独自性・創造性がより鮮明に顕在化しているといわなければならない。桓武は東アジアに形成された唐帝国を中心とする世界秩序に対抗する日本帝国国家の再編成・再構築を企図し、その帝国像の中核部分に蕃国百済を位置づけようとする新たな政策を実現しようとしたのである。天皇は延暦四（七八五）年十一月と同六（七八七）年十一月の二度にわたり、百済王氏の本拠地交野において前漢以来の中国の皇帝祭儀とされる郊祀祭天を行っている。詳細は第四章で述べることにするが、これもまた天皇の強い独自性を示す重要な政績の一つで、唐帝国に対抗する日本帝国の内実を整えようとする政策であったとみることができる。

朝鮮半島の百済国・高句麗国は七世紀後半に滅亡し、やがて半島全域は新羅国によって統一された。『古事記』『日本書紀』に記す神功皇后伝説には、皇后が新羅を征討し、新羅国主が天皇に「御馬甘」「飼部」として服属を誓ったとする。天武朝以後に来朝した新羅使はこの伝説にもとづき日本天皇への朝貢使として遇され、新羅王は天皇の臣下として位置づけられた。また、八世紀はじめには半島北部に渤海が建国し、神亀四（七二七）年に最初の使者が訪れるが、朝廷は渤海国にも朝貢外交を貫徹しようとした。しかるに新羅・渤海ともに唐帝国の冊封下にあり、時々の国際情勢に応じて日本との外交姿勢を変異させ、新羅は光仁天皇治世下に日本との国交を断絶してしまう。したがって、亡国百済を従える日本帝国という国家像はある意味では幻想の帝国といえる。しかし、後に詳述するように、蕃国百済に関わる政治的要素は天智・天武朝以来すでに日本国内にさまざまな形で蓄積潜在しており、蕃国百済を中軸に据える帝国像は桓武天皇の手で新たに創り上げられ練り直されたと評されるであろう。

桓武天皇は日本の歴代天皇のなかで異色の出自を有する天皇である。天皇の生母は百済系帰化人の後裔と称する和（高野）新笠という女性であった。『続日本紀』延暦九（七九〇）年正月十五日条には、「后の先は百済の武寧王の子純陀太子より出ず」とあり、生母の祖先系譜が百済王室につながっていることを明記している。また、天皇は延暦九（七九〇）年二月に「百済王等は朕が外戚なり」との詔を発し、義慈王の系譜的子孫に当たる百済王氏一族との血縁関係を明確に表明している。言葉の厳密な意味において桓武天皇は百済王氏とは外戚関係にはないのであるが、「百済王等」を縁戚として捉えることにより、積極的に自己を「蕃人」の系譜につなげるだけではなく、「蕃国」である新羅・高句麗・渤海と百済の王室系譜をも包摂した中華帝国日本の天皇として立ちあらわれたのである。とりわけ百済国とその王族集団を日本国内において歴史的に従属させる日本国皇帝という国家構造の形成、これこそ桓武天皇がその治世において目指し実現させた新たな国家像であると結論づけることができる。天皇の侍臣菅野真道の足跡は天皇が企てた右の国家構想に積極的に対応しようとするきわめて重要な事例とみなすべきである。

ここで本章冒頭において説明を保留しておいた津連真道の上表文の関係箇所を再び引用する。真道は百済の始祖帝王について次のように書き記していた。

夫れ百済の太祖都慕大王は、日神霊を降して扶余を奄ひて国を開き、天帝籙を授けて諸の韓を惣せて王と称せり。

右の段落は百済国の始祖王である都慕大王の事績を短い文章で要約したもので、扶余の開国の事情と諸韓を支配するに至った歴史を対句で表現している。古代朝鮮の建国神話については次章で詳しく検討する予定であるが、都慕大王の扶余・諸韓の統治権は日神の霊力と天帝からの付託によるものとしていて、中国に起源をもつ天命思想にもとづく統合的支配の根拠を説明するものとなっている。真道がこのような神話を天皇に上奏した意図は、百済の日神の子孫とみなされた生母高野新笠の子として、さらには都慕大王の生ける後裔としての桓武天皇が、天命思想によって扶余・諸韓の統治権を必然的に併有する帝王であることを証しようとするものといえる。

次には、延暦十六（七九七）年二月の続日本紀撰定奏上に関わる上表文の一部を引用してみたい。先ほど詳しく指摘したように『続日本紀』の最終的な撰定は右大臣藤原継縄を総裁として菅野真道らによって遂行されたので、上表文には真道ら引いては桓武天皇の国家観がストレートに顕在化しているであろう。ただし、『日本後紀』の文章には字句の誤りがあるので『類聚国史』収載の文章を引用し、簡略な釈文を併記しておく。

（上略）伏して惟みるに、天皇陛下、徳は四乳に光き、道は八眉に契ふ。明鏡を握みて以て萬機を惣べ、神珠を懐きて以て九域に臨み、遂に仁をして渤海の北に被らしめ、貊種心を帰し、威は日河の東に振ひ、毛狄息を屏めしむ。前代の未だ化せざるを化し、往帝の臣とせざるを臣し、魏々の盛威に非ざるよりは、孰れか能く此に與らむや。既にして扆を余閑に扆ひ、神を国典に留め、爰に真道等に勅して、其の事を銓次り、先業を揚げ奉らしむ。（下略）

［釈文］桓武天皇には天子としての「徳・道」が備わっていたため、正式に即位してまず「九域」に臨御し、さらに「仁」は「渤海の北」に及んで「貊種」をして服従せしめ、「威」は「日河の東」にまで振って「毛狄」が畏れ慎しむに至った。過去に王化に従わなかった者や、臣従しなかった者をこぞって従わせたのは、天皇の盛大な威力によるもので、真道らに史書の編纂が命じられた。

右の文にみえる「九域」とは即位後に桓武天皇が統治した「化内」＝中華の範囲を意味し、律令国家の既定の領域を指している。次に天皇の「仁」が「渤海の北」に及び「貊種」が服従したというのは、朝鮮半島の新羅・渤海が天皇の王化に服し蕃属国としての儀礼を行っていることを表現したもの、「威」が「日河の東」にまで振って「毛狄」が畏れ慎んだというのは、いうまでもなく征夷戦争の成果を指し、日高見（北上）川の奥地にまで王化が貫徹されたことを述べたものである。すなわち右の文章は桓武天皇が統治する日本帝国の領域が「渤海の北」から「日河の東」にわたる範囲に及ぶことを明言したものなのであり、「渤海の北」の貊種を挙げているのは、真道の上表文に記載のみえる扶余のことであり、唐帝国の境外隣接の地域に住む遊牧民族にも天皇の王化が波及していることを誇示するものといえる。

百済系渡来人の後裔で天皇の側近官僚となった菅野真道はその学識と官僚としての政治的才智を重用され、造都の政策につきまとう問題では左兵衛佐を長らく務め天皇身辺の警護に精勤を重ねたほか、同時並行的に国史編纂事業と皇太子安殿親王の教育・訓導という要務にも抜擢された。とりわけ、後者の職務はまさしく真道が上表文で語っている辰孫王とその子太阿郎王の伝承的事績と完全に一致するもので、真道の桓武天皇への奉仕関係をそっくりそのまま祖先系譜の記述に反映させたものであった。神功・応神・仁徳三朝の時期に在位した近肖古王・貴須王の百済王家が自発的に日本王権に王宗の学識者を派遣し、日本における文教の興起を促したとする所伝が造作され、真道の始祖が他ならず貴須王の孫辰孫王であることが桓武天皇によって公認されたのであり、真道の作文の背景には天皇の政治的意向・企図が強力に働いていたと考えられるのである。菅野真道は桓武天皇が承認した百済王統譜につながる「蕃人」の中軸に位置づけされた寵遇の臣なのであった。

第二章　百済・高句麗の建国神話

一　天高知日之子姫尊

延暦八（七八九）年十二月二十三日に突然の勅命が下され、思うところがあり来歳の賀正の礼を停めたいこと、このごろ中宮の病が思わしくなく、勤めて医療を加えてはみたものの応験がみえないので、畿内七道の諸寺をして七日間にわたり大般若経を読誦せしめよとの内容であった。天皇は新年を迎える気分にならない事情を中宮の長引く病気に原因があることを認めたのである。しかし読経のかいもなく、二十八日に「皇太后崩」とあり、翌二十九日には御葬司・山作司・養民司・作路司など喪葬儀礼のための臨時の官司を設置し、左右京・五畿内・近江・丹波などの国々の役夫の徴発を図り、天皇自身は錫紵（喪服）を着用して正殿から西廂に移御し、皇太子と群臣らを率いて挙哀した。百官と畿内は三〇日間の服期と定め、諸国については三日間とし、所部の範囲で百姓を率いて挙哀の礼を実施せよとの命令が出された。さらに、中宮七七日の御斎は明年二月二十六日となるから、国分寺と尼寺の僧らには誦経を励行させ、別に七日ごとに使いを諸寺に派遣して誦経せしめ冥福を祈らせることにしたのである。

ここで病没した中宮とは桓武天皇の生母高野新笠を指している。正確には皇太夫人高野朝臣新笠と記すべきであろう。右の桓武天皇の措置は、儒教の孝子観念にもとづき最大限の敬意を払いながら実母の喪葬儀礼を執行しようとしたものであるが、これ以前には天平勝宝六（七五四）年七月十九日に崩じた中宮藤原宮子の例があり、聖武天皇は亡母の葬儀を執り行うために翌二十日に御装束司・造山司を設置し、同年八月四日には安宿王に誄を奉らしめて謚号を千尋葛藤高知天宮姫之尊と定め、佐保山陵において火葬している。おそらく桓武はこの宮子の前例を参照しながら母の葬儀を遂行したと思われるのであるが、服喪の期間が年を越えるということになったため、翌延暦九年の賀正礼を停止し、正月十四日に誄の儀礼を行い、天高知日之子姫尊なる謚号を奉ったのである。『続日本紀』は当日のことを次のように記している。

中納言正三位藤原朝臣小黒麻呂、誄人を率ひて誄を奉り、謚を上って天高知日之子姫尊と曰ふ。

新笠に奉られたこの謚号の意味は一般的には「天に高く領はく太陽のお姫様」というふうに解釈できるが、この場合の天は『古事記』『日本書紀』の神代巻に登場する日本神話の天すなわち高天原のことで、日とは伊勢の皇太神天照大神のことと考える人がいるかもしれない。ところが、謚号の意味を右のように日本神話を基準にして解釈することにはやや疑義がある。というのは、亡骸の埋葬が行われた翌十五日の記事には次のような文章が記されているからである。

大枝の山陵に葬る。皇太后の姓は和氏。諱は新笠。贈正一位乙継の女なり。母は贈正一位大枝朝臣真妹なり。后の先は百済の武寧王の子純陀太子より出ず。皇后は容徳淑茂にして、夙に声誉を著わす。

天宗高紹天皇龍潜の日に、娉して納る。今上・早良親王・能登内親王を生めり。宝亀年中に、姓を改めて高野朝臣と為す。今上位に即きて、尊びて皇太夫人と為す。九年尊号を追ひ上って、皇太后と曰ふ。其れ百済の遠祖都慕王は、河伯の女、日精に感じて生める所なり。皇太后は即ち其の後なり。因りて以て謚し奉るなり。

文面によれば、高野新笠の父方の先祖は百済の武寧王の子純陀太子ということであるから、新笠の父和乙継は百済王室の後裔に出自する帰化人ということになる。右の系譜のうち武寧王は実在の百済王で、すでに知られているように、一九七一年韓国忠清南道公州郡宗山里において王陵が発掘調査されて買地券が出土し、癸卯年（五二三）に六二歳で亡くなったことが記されていた。武寧王（実名は斯麻）は書紀にも登場し、雄略紀五年六月条によれば、王は筑紫の各羅嶋（佐賀県東松浦郡鎮西町加唐島）で誕生したという所伝がみえ、五世紀後半の百済王権の混乱から一時倭国に亡命した勢力に支えられた王族であったことがわかる。その子の純陀太子については実在性に問題があるが、『続日本紀』に言挙げされた言説がすべて間違いのない歴史的事実であるのかどうかということはここでは問わないことにしよう。当面は天皇が認めた史実を正面きって問題にするという姿勢で臨むことにする。

さて、右の文章では百済王統譜の始祖は都慕王であるとしている。そして都慕王は河伯（河の神）の女が日精（太陽神）に感じて誕生した王であるとしているのであるから、歴代の百済王は日神の子孫であり、その血を受け継いだ新笠も日神の末裔ということになる。「皇太后は其の後なり」と記しているのはまさにその意味であろうから、新笠は「日之子」なのである。そうすると「因りて以て謚し奉るなり」との言葉の意味は、新笠の諡号が百済王統の始源である日神を配慮して奉られたことになり、論理的には天高知日之子姫尊という諡号は百済王権の太陽神話を採用したもので、日本神話の天照大神ということにはならないのである。しかし、諡号にあらわれている「天」が皇統譜に対応する日本天皇統治に対応する「天」の意味であるとしたならば、新笠に捧げられた「日之子」も日本天皇の統治権を正当化する「日之子」としての性質を帯びているものとしなければならないのだから、単純にこれらを外国の神話体系と直結させてしまうこともいささか躊躇されるのであり、諡号の「天」「日」をどのような性格のものと考えるべきかを検討してみる必要があるのである。

ところで、光仁天皇の諡号は「天高紹天皇」なので生母の諡号とは「天高」の部分で共通し揃えているので、桓武天皇は父母の諡号を整序する配慮をしたことがわかるのであるが、母方の祖先系譜では百済王統とその始源の神である日神の後裔とされていて一見すると矛盾するのである。すなわち桓武天皇は生母の系譜を古代朝鮮の百済王室につなげることにより、自分自身の体内には百済王統の血が流れていることを明らかにしたといえる。なぜ天皇は生母の死を契機としてこのような挙に出たのであろうか。その政治的な背景や意図が何であるのかをこれから少し考えてみたいと思う。

ところで、右の系譜や神話と共通する内容をもつ上表文が皇太后死没後すぐの延暦九年二月二十七日に奉呈されている。上表文の全文は第一章に引用しておいたので、ここではその冒頭の関係部分のみを改めてピックアップすることとする。問題の文章は次のようになっている。

真道らが本系は百済国の貴須王より出ずるなり。貴須王は百済始めて興れる第十六世の王なり。夫れ百済の太祖都慕大王は、日神霊を降し、扶余を奄ひて国を開き、天帝籙を授けて、諸韓を惣せて王と称せり。

上表文を提出した津連真道は、自分の出自が百済国第十六世の貴須王にありと主張している。『新撰姓氏録』右京諸蕃下の菅野朝臣の項には、「百済国都慕王十世孫貴首王より出ずるなり」とあり、王の世系数に相違があるが、確かに真道の主張通りになっていることが判明する。喪葬儀で高野新笠は百済国の武寧王の子孫だといわれているのであるが、真道らの先祖はそれよりずっと古い貴須王との系譜上のつながりを述べているのである。不遜でさえある真道の主張は、彼の先祖が他の渡来氏族よりも古い時期に天皇の聖化を慕って来朝したことをいわんがためであった。

しかるに、さらにこの文章で注目すべき重要な点は、百済の太祖（始祖）である都慕大王は、日神がその霊を地上の世界に降した神聖な存在であり、扶余を覆って国を開いた人物で、これに天帝が籙を授け、諸韓の王として君臨したのであると記している点である。これは真道が唱え出した百済王権の初源・創始に関わる神話の要点と考えられ、始祖都慕大王は日神の霊を受けた聖王としてまず扶余の国を開創し、やがて天帝が王に籙を授けて諸韓に王となったのであると要約することができる。このような上表文の内容を全面的に承認することにより、桓武天皇は百済始祖都慕大王が「天帝の子」とされていることに着目し、自身が系譜上ではその「天帝の子」のこの世への再現・再生であることを自覚するに至ったことを意味するであろう。すなわち都慕大王の統治権を正当化した「天帝」からの籙の授与は、大王に系譜上直結している桓武天皇自身にも及ぶものであること、「天帝」の「天」とは日本神話の天でもなければ諸韓を統合する天でもない、より高次の「天」であるとみなすことができるのではあるまいか。ただし、このままでは前後の事情がはっきりしないので、ひとまずは古代朝鮮の王権神話を披閲してみることにしよう。

二　百済・高句麗の建国神話

『三国史記』百済本紀の冒頭に記す温祚王の項には次のような説話がある。

百済の始祖温祚王。其の父は鄒牟。或いは朱蒙と云ふ。北扶余より難を逃れ、卒本扶余に至る。扶余王に子無く、只三女子有り。朱蒙を見て、常人に非ざるを知り、第二女を以て妻わす。未だ幾ばくならずして扶余王薨ず。朱蒙位を嗣ぎて、二子を生めり。長を沸流と曰ひ、次を温祚と曰ふ。朱蒙北扶余に生む所の子来りて太子と為るに及びて、沸流・温祚、太子の容れざるを恐れ、遂に烏干、馬黎ら十臣とともに南行す。百姓のこれに従う者多し。遂に漢山に至り、負児嶽に登りて、居すべき地を望むに、沸流は海浜に居さむと欲す。十臣諫めて曰はく、此の河南の地を惟るに、北は漢水を帯び、東は高岳に據り、南は沃澤を望み、西は大海を阻つ。其の天険の地利は、得難きの勢なり。都を斯に作るは、亦宜しからざらん。沸流聴さずして、其の民を分け、弥鄒忽に帰りて以て居す。温祚は河南慰禮城に都し、十臣を以て輔翼と為し、国を十済と号す。是れ前漢成帝の鴻嘉三年なり。沸流は弥鄒の土水鹹に湿するを以て、安居し得ず。帰りて慰禮を見るに、都邑鼎定し、人民安泰なり。遂に慙悔して死す。其の臣民は皆慰禮に帰し、後改めて百済と号す。其の世系は高句麗と同じく扶余より出ずる。

故に扶余を以て氏と為す。

この伝承では漢水の南の慰禮城を都とした百済の始祖王は温祚であり、温祚と沸流兄弟の父は北扶余出身の鄒牟＝朱蒙とされる。右の文では理由は不明だが、朱蒙は何らかの難の故に卒本扶余という地に逃亡し、そこで扶余王に見出されて王女と結婚し、沸流と温祚の兄弟をもうけたことになっている。ところが、朱蒙は北扶余時代にすでに別の子どもをもうけており、その子を太子に迎えたことから、沸流・温祚の兄弟は臣下を率いて南行し、百済国の始祖王となったとされるのであって、これによると扶余と百済の王権は同源であることが明確である。

高野新笠の諡号献呈に関わる記事と津連真道の上表文に登場する都慕王・都慕大王という名の王は、右の伝承にみえる鄒牟＝朱蒙のことと考えられ、上表文に「百済太祖都慕大王」と記すのは、「始祖」王温祚に対してそのさらに祖王であることを強調する辞であろう。また上表文に「扶余を奄ひて国を開き」とあるのは、朱蒙が北扶余・卒本扶余に王となったことを記したものであり、さらに「諸韓を惣せて王と称せり」とあるのは、右の伝承の最後に高句麗と百済の世系とが同じく扶余の出自であること、朝鮮半島に覇を唱えた二つの大国の王室がいずれも朱蒙の後裔であることを述べたものと解せられるのである。『三国史記』百済本紀・蓋鹵王十八（四七二）年の条に王が北魏に提出した上表文が載せられている。それによると、「臣と高句麗は、源扶余に出ず」とあり、百済における建国神話の源泉が五世紀にさかのぼることを示している。

鄒牟＝朱蒙に関する伝説は同じ『三国史記』高句麗本紀の冒頭にも記されており、煩雑ではあるが内容を細かく理解する必要があるので引用しておこう。ただしすこぶる難解な長文になっているため、話の段落を追って分割して記すことにする。

始祖東明聖王の姓は高氏。諱は朱蒙。一云鄒牟、一云衆解。是れより先、扶余王解夫婁老いて子無し。山川を祭りて嗣を求む。其れ御する所の馬鯤淵に至り、大石を見るに相対して涙を流す。王これを怪しみて、人をして其の石を転ぜしむるに、小児有り、金色にして蛙形なり。王喜びて曰はく、此は乃ち天賚にして我に胤せしむるや。乃ち収りて養ひ、名づけて金蛙と曰ふ。其の長ずるに及びて立てて太子と為す。後其の相阿蘭弗曰はく、日頃、天我に降りて曰はく、まさに吾が子孫をして国を此に立てしめよ。汝其れこれを避れよ。東海の浜に地有り、号して迦葉原と曰ふ。土壌膏腴にして五穀に宜し。都とすべきなり。阿蘭弗遂に王に勧め都を彼に移し、国を東扶余と号す。

冒頭に高句麗の始祖を東明聖王とし、姓を高、名を朱蒙と記す。別名を鄒牟・衆解とも記している。以下はその朱蒙にまつわる伝説である。ここには扶余王の嗣子に金蛙たる男児がなったこと、東扶余に遷都し新たな国号としたことが書かれている。

其の旧都に人有り、いずくより来るかを知らず。自ら天帝の子解慕漱と称し、都に来る。解夫婁薨ずるに及びて、金蛙位を嗣ぐ。是の時に、女子を太白山の南優渤水に得たり。これに問うに、我は是河伯の女、名は柳花。諸弟と出で遊ぶに、時に一男子有り。自ら天帝の子解慕漱と言ふ。我を熊心山の下、鴨緑辺の室中に誘い私す。即ち往きて返らず。父母、我媒無くして人に従うを責めて、遂に優渤水に謫居せしむ。金蛙これを異とし、室中に幽閉せしむるに、日に焙る所となる。身を引きてこれを避くるに、日の影亦逐ひてこれを焙る。因りて孕むこと有りて、一卵を生む。大なること五升ばかり。王これを棄てて犬豕に与うるに、皆食わず。又これを路中に棄つるに、牛馬これを避く。後これを野に棄つるに、鳥覆うに翼をもってす。王これを剖かむとするに、破ること能はず。遂に其の母に還す。其の母物を以てこれを裹み、暖処に置くに、一男児有り、殻を破りて出ずる。骨表英奇にして、年甫めて七歳、嶷然異常なり。自ら弓矢を作りて射るに、百発百中。扶余の俗語に、善射を朱蒙と為す。故に名を以て云ふ。

扶余王が没して金蛙が王となった時、優渤水において一人の女子を得た。その女がいうには、私は河伯の女で名を柳花という、と。かつて兄弟たちと遊んでいた時、天帝の子解慕漱と名乗る人に誘われ愛された。そのことを父母に責められて優渤水に謫せられていた。それを金蛙に見出され、室内に幽閉された時、日の光に照らされて孕んでしまう。やがて一つの卵を生むが、さまざまな怪異があり、母の介護により殻を破って生まれ出た男児は七歳にして弓矢に異能なる力量を発揮し、朱蒙と呼ばれたとする。

この伝承で不思議なのは、唐突にも天帝の子と称する解慕漱なる人物が登場することであろう。話の筋からすると解慕漱はどうしても必要な登場人物とは考えられない。朱蒙誕生の条件は金蛙と河伯の女との結婚と日光との結合で十分なのであり、解慕漱の存在はストーリーを複雑・難解なものにしているだけである。しかるに、河伯の女と結婚したのが実はこの解慕漱と推測できるふしがある。なぜなら、最初に柳花を誘惑し愛したのが解慕漱だからであり、朱蒙はこの婚姻によって孕まれた子で、金蛙と柳花とは交合した形跡がなく、金蛙によって幽閉された室内を照らした日光は、女胎のなかに孕まれた子を聖化する機能を果たしているに過ぎないとも考えられてくるからである。

金蛙に七子有り。常に朱蒙と遊戯するに、其の伎能皆朱蒙に及ばず。其の長子帯素王に言って曰はく、朱蒙は人の所生に非ず。其の人と為り勇なり。早く図らずば、恐らくは後の患有らむ。請ふこれを除け。王聴かず。これをして馬を養はしむ。朱蒙其の駿なることを知りて、食を減らして痩せしむ。駑者は善く養ひて肥えしむ。王肥えたる者に自ら乗りて、痩せたる者を朱蒙に給ふ。後野に猟りするに、朱蒙善く射るを以て、其の矢小なるを与ふ。しかるに朱蒙殪獣甚だ多し。王子及び諸臣又謀りて殺さむとするに、朱蒙の母陰かに知りて、告げて曰さく、国人汝を害さむとす。汝の才略を以てせば、何か往きて可ならざらん。其れ遅留して辱しめを受くは、遠く適きて為すこと有るに若かず。

朱蒙の才知を恐れた金蛙の子らは諸臣と図って朱蒙を殺そうとした。このことを知った母は朱蒙に逃亡するように勧める。朱蒙の逃亡説話は一種の英雄流離譚とみなしてよかろう。

朱蒙乃ち烏伊・摩離・陜父ら三人と友に為り、行きて淹淲水に至り、渡らむとするに梁無し。追兵の迫るを恐れ、水に告げて曰はく、我は是れ天帝の子にして、河伯の外孫なり。今日逃走するに、追ふ者及ばむとするに如何せん。是に魚鼈浮き出でて橋と成し、朱蒙渡ることを得。魚鼈乃ち解くるに、追騎渡ること得ず。朱蒙行きて毛屯谷に至り、三人に遇ふ。其の一人麻衣を着たり。一人衲衣を着たり。一人水藻衣を着たり。朱蒙問ひて曰はく、子らは何許りの人ぞ、何姓また何名ならんか。麻衣の者曰さく、名は再思、衲衣の者曰さく、名は武骨、水藻衣の者曰さく、名は黙居。しかれども姓を言わず。朱蒙再思に姓克氏を賜ふ。武骨は仲室氏、黙居は少室氏。乃ち衆に告げて曰はく、我は方に景命を承け、元基を啓かむと欲す。しかして此の三賢に遇ふ、豈天の賜に非ざらんや。遂に其の能を揆りて、各任ずるに事を以てす。これと共に卒本川に至り、其の土壌を観るに肥美にして、山河は険固なり。遂に都にせむとす。しかして未だ宮室を作るに遑あらず。但だ廬を沸流水の上に結びて居り、国を高句麗と号す。因りて高を以て氏と為す。時に朱蒙年二十二歳。是は漢孝元帝の建昭二年、新羅始祖赫居世の二十一年甲申歳なり。

三人の友人と逃亡を図った朱蒙は、英雄らしくさまざまな困難を克服して毛屯谷に至ったが、そこで今度は三人の賢者に逢う。彼らと共に卒本川にたどりつくとそこを都と定め、沸流水のほとりに廬を建てて住んだ。国を高句麗と号し、王の姓を高氏としたとする。朱蒙が二二歳の時で、紀元前三十七年、新羅始祖の時代である。この文のなかでとくに注意を引くのは、朱蒙自身が自分のことを「天帝の子」と称している点である。解慕漱の言辞がいつしかここでは朱蒙の言葉に変じているのである。

はなはだ長い文章になっているが、伝承全体の骨子は高句麗の建国伝説であることが理解できたと思う。その筋書きによると、高句麗の始祖王朱蒙（東明聖王）誕生の次第は、優渤水に住む河伯（河の神）の女柳花が、日光（太陽）に焙られて孕んだ卵から生まれた男児であることになる。太陽神と水神との結合が神聖王のこの世への誕生をもたらしたとされるのである。この伝説はまさしく『続日本紀』延暦九年正月十五日条の、「其れ百済の遠祖都慕王は、河伯の女、日精に感じて生める所なり」とあるのに見事に合致している。

ところが、先にも指摘したように、この伝承には天帝の子解慕漱なる人物が唐突な形で登場し、柳花との結婚を思わせる記述があり、日光は女の胎内に孕まれた子を聖化する働きをしただけのことで、朱蒙は解慕漱の子、あるいはひょっとすると解慕漱そのものなのではないかとも推測されるのである。伝承では解慕漱の出自は何も記されていない。彼は旧都（北扶余）から来た人とあるだけのはなはだ不可解な人物なのである。他方、百済紀の言説では朱蒙も北扶余から難を避けて卒本扶余に逃れてきたとあり、何が原因での逃亡なのかをまったく記しておらず、やはり曖昧な言説に終始している。その由来を明らかにできる唯一の手がかりは、「解慕漱」と扶余王「解夫婁」の姓名及び朱蒙の別名「衆解」だけである。

ところで、古代朝鮮語の「解」は太陽の意味をあらわす語であるとされている。そうすると、解慕漱というのは太陽神そのもののことを意味し、扶余王解夫婁・朱蒙の別名衆解も同じく太陽神の意であることとなる。扶余王解夫婁は鯤淵という水辺で金蛙を得てそれを太子としたと伝えている。この父子関係は太陽神と水神との結合関係を示している。それと同じように、解慕漱または日光と優渤水の河伯の女との婚姻もまた太陽神と水神との結合関係を示しており、その間に誕生した朱蒙（衆解）は太陽神そのものと見做すことができよう。朱蒙の名の朱は赤い色を連想させるもので、これまた太陽神の象徴といえる。

このように、古代扶余と高句麗の始祖王に関わる神話は両者共に太陽神と水神との結婚をベースとして成り立っており、解慕漱自体も太陽神と見做して差し支えない存在だといえるのである。すなわち解慕漱と柳花との結婚と、柳花が日光に照らされて孕んだ奇瑞とは同じ事柄の繰り返しとみなされるのであり、元々一つの筋書きから成っていた話に、後からいずれかの話が付け足され複雑化したものと考えられるのであって、先ほど述べたように解慕漱の登場こそがきわめて唐突であることからすると、日照の奇瑞の方こそが本源の神話なのではないだろうか。興味深いことに、古代朝鮮の太陽感精卵生神話は『古事記』応神段にもすでに次のような形で取り入れられているのである。

又昔、新羅の国主の子有りき。名は天之日矛と謂ひき。是の人参渡り来つ。参渡り来つる所以は、新羅国に一つの沼有り。名は阿具奴摩と謂ひき。此の沼の辺に、一賤しき女昼寝しき。是に日虹の如く耀きて、其の陰上に指ししを、亦一賤しき夫、其の状を異しと思ひて、恒に其の女人の行を伺ひき。故、其の女人、其の昼寝せし時より妊身みて、赤玉を生みき。爾に其の伺へる賤しき夫、其の玉を乞ひ取りて、恒に裹みて腰に著けき。

この話は沼の辺に住む賤しい身分の女人が日光に照らされて孕み、赤玉を産生したという筋書きになっているが、女人が孕んだ原因を日光が女陰を照らしたからであると具体的に記している点、そして赤玉がその形と色彩において太陽そのものを象徴する点で、柳花の伝承よりも一層わかりやすくなっている。ただし、この話の赤玉は朝鮮の神話のように卵ではなく円形の石製品を想定させる点で、原話に対する日本的趣向にかなう書き換えを推測させるといえよう。しかしいずれにせよ、これも水神と親密な関係にある女人と太陽神との結婚を主題とした神話であり、やがてその聖なる赤玉は賤夫から天之日矛の手にわたるが、その続きは次のような話になっている。

其の玉を将ち来て、床の辺に置けば、即ち美麗しき嬢子に化りき。仍りて婚ひして嫡妻と為き。爾に其の嬢子、常に種種の珍味を設けて、恒に其の夫に食はしめき。故、其の国主の子、心奢りて妻を詈るに、其の女人の言ひけらく、「凡そ吾は、汝の妻と為るべき女に非ず。吾が祖の国に行かむ」といひて、即ち窃かに小船に乗りて逃遁げ渡り来て、難波に留まりき。此は難波の比売碁曽の社に坐す阿加流比売神と謂ふ。是に天之日矛、其の妻の遁げしことを聞きて、乃ち追ひ渡り来て、難波に到らむとせし間、其の渡の神、塞へて入れざりき。

赤玉は天之日矛の床の辺で美麗なる嬢子に化身する。そもそもなぜ聖なる赤玉が日矛の手に入ったのかといえば、日矛が新羅国主の子だったということのみならず、天之日矛という名からして彼自身も太陽神を象徴する英雄だったからであろう。やがて嬢子は日矛の横暴に堪えかねて日本に逃げてきたという。女人の祖国は日本であったとし、摂津国東生郡の比売許曽神社の祭神となったと伝えているのである。伝承はおそらくこの比売許曽神社を奉祭していた渡来氏族から出た鎮座由来と考えられ、朝鮮半島に起源する古代神話を豊かに伝えたものといえるだろう。話の主役は比売碁曽社の起源譚という性格上日矛のごとき英雄ではなくか弱い女性に変質しているが、太陽神の信仰が韓族の新羅にも定着していた事情をうかがわせるものといえ、神話は語り手の立場によって潤色・改変される場合のあることが明らかになる。

ところで、解慕漱の登場が後からの付け足しであると考えられる点については、彼の出自が明確でない点とともに、彼が「天帝の子」を自称していることからもいえるであろう。解慕漱自身が太陽神をあらわすことからすると、その自称たる「天帝の子」の意味するものは、太陽神より高次の「天帝」の思想に裏打ちされた神話の観念が話の基底に存在していることを示唆するものである。天帝の観念は皇帝制度確立以後に中国から朝鮮半島や日本に伝来した高度の政治的観念・思想であり、天下あるいはこの地上世界の秩序は天に居を置く帝王の定めに従うとする観念である。解慕漱がその「子」とされているのは、天帝に見込まれた「子」、天帝の定めに従って地上世界に現れた「子」という意味においてであろう。はなはだ抽象的且つ政治的な存在であるがゆえに、彼の出自も不明確な性格のものになったとしかいいようがないわけである。

しかもより興味深いのは、先ほど説いておいたように朱蒙にも「天帝の子」という観念が付着していることである。筆者は解慕漱と柳花の結婚が朱蒙の誕生に結びついていることを指摘したが、解慕漱の化身またはその子とされる朱蒙も「天帝の子」と呼ばれていることに注意する必要があると考える。そしてこの高句麗の始祖神話に登場する「天帝」の観念が、桓武天皇が公認した神話に登場するのである。津連真道の上表文の該当部分を再度引用すると、

　夫れ百済の太祖都慕大王は、日神霊を降し、扶余を奄ひて国を開き、天帝籙を授け、諸韓を惣せて王と称せり。

この文章には「天帝籙を授け」という一文が挿入されている。都慕大王（朱蒙）が諸韓を惣せて王と称した源泉は、「天帝籙を授け」たという事実にもとづいていることが記されているのである。籙とは予言書とか讖緯説とか呼ばれるもので、天帝が天子＝皇帝・王となるにふさわしい人物に与える符瑞・印書とされたものであり、都慕大王は天帝に見込まれた人物だとされているのである。おそらく『続日本紀』に用いられているこの「天帝」の語は、『三国史記』高句麗本紀の伝承と関わる文章から直接引用されたものと推測されるのであるが、籙の語の意味は中国の讖緯説・天命思想の影響を受けた日本の貴族層が理解し知悉していたもので、桓武天皇の側近にいた津連真道が右の百済・高句麗神話を自己流儀に解釈し、ついに

は都慕大王が「諸韓を惣せて王と称せり」という文章まで造作したと推測されるのである。その要因は百済王室系譜に連なる桓武天皇を「天帝の子」に擬するためであったといえるであろう。

三　高句麗好太王碑文

実は右に長々と引用した高句麗の神話と同じものが中国にも伝えられていたことが知られる。次にはそれを引用してみることにしよう。『魏書』巻一百・列伝第八十八・高句麗の部の冒頭である。

高句麗は、夫余より出ず。自ら先祖は朱蒙と言す。朱蒙の母は河伯の女。夫余王の為に室中に閉ざされ、日の照らす所と為り、身を引きてこれを避くるに、日の影また逐ひ、既にして孕むこと有り、一卵を生めり。大なること五升の如し。夫余王これを棄てて犬に与ふに、犬食わず。これを棄てて豕に与ふに、豕又食わず。これを路に棄てるに、牛馬これを避く。後これを野に棄てるに、衆鳥毛を以てこれを茹う。夫余王これを割剖くに、破ること能はずして、遂に其の母に還す。其の母物を以てこれを裹み、暖処に置くに、一男有りて殻を破りて出ず。其の長ずるに及ぶや、字してこれを朱蒙と曰ふ。其の俗に朱蒙と言ふは善射なり。夫余人、朱蒙の人の所生にあらざることを以て、まさに異志有らむとして、これを除かむと請ふに、王聴さず。これに命じて馬を養はしむ。朱蒙私試ごとに、善悪有るを知り、駿なるものは食を減らして痩せしめ、駑なるものは善く養ひて肥へしむ。夫余王肥なるものを以て自から乗り、痩せたるものを以て朱蒙に給ふ。後田に狩りするに、朱蒙の善射を以て、これに限るに一矢とす。朱蒙矢少しと雖も、殪獣甚だ多し。夫余の臣又謀殺せんとするに、朱蒙の母陰かに知りて、朱蒙に告げて曰はく、国まさに汝を害せむとす。汝の才略を以て、宜しく遠く四方に適け。朱蒙乃ち烏引・烏違ら二人と、夫余を棄て、東南に走ぐ。道に中りて一大水に遇う。済らむと欲るに梁無し。夫余人追ふこと甚だ急なり。朱蒙水に告げて曰はく、我は是れ日の子にして、河伯の外孫なり。今日逃走するに、追兵及ばむとす。如何にして済らむこと得む。是に於て魚鼈並び浮き、これが為に橋を成くる。朱蒙渡ることを得るに、魚鼈乃ち解く。追騎渡ることを得ず。朱蒙遂に普述水に至り、遇たま三人に見ふ。其の一人は麻衣を著し、一人は納衣を著し、一人は水藻衣を著す。朱蒙と紇升骨城に至り、遂に居す。号して高句麗と曰ひ、因りて以て氏と為す。

右の伝説は『三国史記』高句麗本紀の冒頭部分とほとんど同じ文脈であることが明らかである。ただ、全くの同文ではなく細部において相違する点があり、とくに注意すべきはここに解慕漱のことが出てこないこと、朱蒙の母が日照の奇瑞によって孕んだことは記されているが、朱蒙が自らを「天帝の子」と自称した語はどこにもみえないのである。中国では「天帝の子」を使用することは皇帝のみに許された特権であり、ましてや東方蕃国の王がこれを自称するなどということは問題にならないことであったから、そうした不遜な語句が頭から削除されたか、乃至は高句麗の使節がそれを省略したものを中国側に陳述したかのいずれかと考えられるのである。

『日本書紀』孝徳天皇の大化元（六四五）年七月条には、巨勢徳太臣が来倭中の高句麗使に対して、「明神御宇日本天皇の詔旨とのたまはく、天皇の遣す使と、高麗の神の子の奉遣せる使と、既往短くして、将来長けむ。是の故に、温和けき心を以て、相継ぎて往来ふべからくのみとのたまふ」と述べたことが記されている。当時日本国号などは存在しないからこの文章にも造作の手が入っていることは明らかなのだが、「高麗の神の子の奉遣せる使」という語句は高句麗の建国神話を意味するもので、天帝の思想を伴う神話がすでに七世紀の朝廷に知られていた蓋然性は高い。

『魏書』百十四巻は北斉の天保五（五五四）年に魏収が編纂した北魏（四四三〜五三四）の歴史書で、当時高句麗は建国以来最大の領土と強勢をなお維持し、南北両朝にしばしば遣使して二股政策を推進していたのであるから、自己のアイデンティティーの根源を成す建国神話を保持していたことはいうまでもなく、そこに天帝思想が含まれていたことが当然のことながら推定されるのである。したがって中国には朱蒙神話の肝心な点が伝えられていなかった可能性が強いと考えられるのである。というのも、ここで想起されてくるのが高句麗広開土王碑文の存在である。碑文は三九一〜四一三年の間に在位した広開土王談徳の生前中の業績を顕彰すべく、その子長寿王巨連が首都丸都城の郊外に建設した巨大な石の碑銘である。その冒頭に次のような文章がみえている。

昔を惟みるに、始祖鄒牟王の創基なり。北扶余より出ずる。天帝の子にして、母は河伯の女郎なり。卵を剖き世に降る。生れながらにして聖有り（六字判読不能）。駕を命じて巡幸し南下するに、路は夫余の奄利大水を由る。王津に臨みて言って曰はく、我は是れ皇天の子にして、母は河伯の女郎たる鄒牟王なり。我が為に葭を連ね亀を浮けよ、と。声に応じて即ち連葭を為り亀を浮かす。然る後渡しを造り、沸流谷忽本西城山上に都を建てたり。（以下略）

碑文の文意はこれまでに紹介してきた幾つかの伝説と同巧であることが理解され、起源を扶余に発し桓仁を経て鴨緑水沿岸の丸都に定着した高句麗は、おそらく建国以来このような筋書きの神話を長く保持し続けていたことが推定できる。そして建国の始祖が鄒牟（朱蒙）王なること、鄒牟は「天帝の子」「皇天の子」という高度な政治思想が碑文にも明瞭に現れていることが明らかである。

好太王碑文は主として王の時代の周辺諸国への侵略戦争と領土拡張の経緯を記すが、中国王朝との関係を一字一句として何も記していない。この事実は高句麗を天下の中心に置く世界観・中華主義の現われとみてよく、「天帝（皇天）の子」は中国思想の借り物といえよう。百歩譲って天帝の思想が広開土王時代にはじめて始祖神話に導入されたと考えられるにしても、ともかくかかる思想の由来は四世紀にまでさかのぼることは間違いあるまい。ここにはまだ解慕漱の名は現れていないが、それはもう少し後の時期の潤色と推定すればよいだろう。以上に述べてきたように、高句麗は中国王朝との交渉にあたり、始祖王が「天帝の子」なりとする語句を伏せてことに当たったと考えてよいだろう。他方、桓武朝の日本は唐帝国の冊封体制の外にあって「天帝の子」を名乗る国際環境と国内条件とが併存していた。

四　天帝の子と日本帝国

平安時代の宮中温明殿（賢所）には三種神器と呼ばれた天皇の神的地位に関わる種々のレガリアが所蔵されていた。その一つが大刀契と呼ばれる護身の宝剣で、『中右記』には「件の二腰、本旨百済国献ずる所」

とあり、また『禁秘抄』には「是れ百済より渡さる所」と伝えている。いつ頃からこの剣が天皇の身辺にもち込まれたのか詳しいことはわかっていないが、大宝令・養老令の神祇令には「神璽之鏡剣」とあり、この場合の剣は一般に草薙剣のことと伝承されているので、百済伝来とされる剣はそれより後につけ加えられたと推測される。その最もあるべき時期としては上田正昭が指摘しているように桓武朝であろう。百済王の始祖に血統で結びつく日本天皇という新たな神話の創作と、日本天皇が朝鮮諸国に対しても「天帝の子」として君臨する要件が整ったことが、百済王氏から朝廷への神剣の献上につながっているのではなかろうか。

本章では皇太夫人高野新笠の諡号奉呈と津連真道の上表文に出る都慕大王＝朱蒙を巡る古代朝鮮の建国神話を瞥見してきた。桓武天皇は生母高野新笠の祖先系譜を百済王室の始祖王につなげることによって、自分自身が同時に扶余・高句麗・百済王統の始祖都慕大王につながることを明らかにし、それまでの日本の歴代天皇にはかつてなかった立場に立つことになったのである。血縁と族縁の原理によって天皇の体内に扶余・高句麗・百済王統を統合する帝王としての資格が備わり、扶余・高句麗・百済は天帝から籙を授けられた者の統治を受けるべきこと、それにふさわしい資格の具現者こそはこれらの王統につながる「日之子」高野新笠の所生子である自己なのだとする天命思想が、とりあげた二つの史料に綴られているのである。

それは孝子たる天皇が卑母の尊貴性を証する措置であっただけではなく、同時に天皇の即位の正当性や必然性、さらには諸韓に君臨する帝王たる所以を明らかにし強調する上でも必須の作業なのであった。高句麗・百済に関わる古代朝鮮の建国神話は早く七世紀の朝廷にも知られており、桓武朝までの時期には多くの情報が集積されていたものと推定できる。とくに高野新笠の系譜は勅命により和気清麻呂が『和氏譜』を作成したことが知られており、菅野真道・百済王氏や右大臣藤原継縄らの天皇側近グループが深く関与していたことが想定される。

なかでも津連真道の上表文には、「夫れ百済の太祖都慕大王は、日神霊を降し、扶余を奄ひて国を開き、天帝籙を授けて、諸韓を惣せて王と称せり」とあるように、扶余と高句麗・百済両王統の始祖としての地位をも占めた存在として認識されている。桓武天皇はかかる「天帝の子」の系譜につながる自己を強烈に意識することによって、「諸韓」にも歴史的に関わりをもつ自己、「諸韓を惣せて王を称」した都慕大王（朱蒙）の後裔たる日本天皇＝皇帝としての自己を定立しようとしたと考えられるのである。いうまでもなくこの「諸韓」には辰韓を起源とする新羅も含まれる。

「諸韓」の上に君臨する天皇という思想は、前章の最後でも取り上げておいた『続日本紀』の撰定に関わる藤原継縄・菅野真道らの上表文にもはっきりと刻まれていたことを想起しておきたい。曰く「伏して惟るに天皇陛下、徳は四乳を光し、道は八眉に契る。明鏡を握みて、以て万機を惣せ、神珠を懐きて、以て九域に臨む。遂に仁を渤海の北に被ひ、貊種をして心に帰せしめ、威を日河の東に振ひ、毛狄をして息を屏めしむ」とするもので、天皇の仁が「渤海の北」に住む「貊種」の心にまで及んでいるという文脈によって証拠だてられるであろう。田中史生が論じているように、「渤海の北」とは渤海国よりさらに遠い高句麗・百済両王権揺籃の地である扶余を指すのである。

そもそも、桓武天皇が母方の系譜にこだわった理由は、一つには人間はすべて母胎を通して出生するという重い真理を背負っていること、もう一つは、人間というものは父方・母方双方からの系譜を重視しようとする宮廷社会あるいは当時の一般的な社会通念があったからかもしれない。二代前の称徳女帝は「必ず人は父が方母が方の親（ウガラ）在りて成るものに在り」（『続日本紀』天平神護元年十一月二十四日条）と述べた経緯があるからである。称徳の父は聖武天皇であり、生母は光明皇后で藤原不比等の娘なのである。しかるに、桓武天皇にとって蕃人の後裔であり弱小氏族出身の母方の系譜はとうてい放置できないものであった。政治的に天皇の最大の弱点を克服する手段となったのが、朝鮮の建国神話を日本神話に接合する要の操作として、生母への「天高知日之子姫尊」なる諡号の献呈となったのであると考えられる。

桓武天皇は父方光仁天皇の系譜ではその始祖が太陽神天照大神にさかのぼり、母方の系譜において百済王室の始祖朱蒙・鄒牟を生み出した日神に起源を有することになる。すなわち桓武天皇は自分が日本神話の至高神と百済・高句麗神話の最高神の双方の血を受け伝えた聖なる存在、両方の血肉と権威とを統合した存在となった。日本王統の血と百済・高句麗王統の血の両方を統合した天皇は、必然的に双方に同時に君臨する帝王に脱皮する必要があった。その政治的要請を思想的に支えたものが「天帝の子」の観念であった。桓武の統治する「天下」は「天帝」から授けられ正統性を付与された「天下」なのであり、この「天」の下に日本神話の太陽神と朝鮮神話の太陽神とが同質のものとして位置づけられたのである。

ここにおいて日本天皇は、それまでの列島の支配者、すなわち天照大神が鎮座する高天原に覆われた葦原中国＝華夏・化内の統治者としてあるだけではなく、化外＝未服の夷狄の教化者という範囲をはるかに越え出て、朝鮮＝諸蕃にも族縁・血縁の原理を及ぼしうる統治者としての資格を得たという自覚を明瞭にもったのである。天命思想と天帝の子の観念の由来は中国の皇帝制度にあるのだから、桓武天皇は日本・朝鮮双方の王統につながる総括的な統治権者、すなわち皇帝たる自己を創成・定立するための儀礼を実修する必要に迫られたのであり、中国の皇帝祭儀である郊祀祭天はそのために執行されなければならなかったのである。生母への諡号奉呈と津連真道の上表文提出より少し前、延暦四年十一月と同六年十一月、天皇は百済王氏の本拠地のあった河内国交野郡柏原の地においてすでに郊祀祭天を執行していた。その詳細は第四章で述べることとするが、郊祀祭天の執行により桓武天皇の支配する「天」は唐皇帝と並立する「天」となったのである。

桓武天皇が創出した以上のような日本帝国の構想は、『古事記』『日本書紀』に描かれている日本国家と天皇の歴史とはまったく異質なものを含んでいる。神功皇后の新羅征討伝承が律令国家の理念・国是として存在しているように、『古事記』『日本書紀』の国家構想では、軍事的な征服戦争という手段に訴えた日本天皇が蕃国たる朝鮮半島諸国家の服属を確認し、それを根拠として朝鮮諸国からの定期的朝貢を受ける「大国」という構図になっている。そこでは朝鮮三国の王は日本天皇に隷属し臣下となりはしているものの、天皇が朝鮮諸王を冊立するという実績を有していない。律令国家は律令制以前の「大国」を理念・理想とするような国家として発足したといってもよい。しかし、半島を統一した新羅の離脱によってそのような体制が機能しなくなったのが桓武朝直前の状態だったのである。

八世紀後半段階の現実の朝鮮半島は新羅国・渤海国によって統治されていた。したがって、桓武天皇が構想した帝国というものには現実的政治的基盤は皆無に等しい状態にあった。新羅とは光仁天皇の宝亀年間に国交が事実上断絶しており、渤海との交渉は続けられてはいたものの、すでに周知のごとく日本天皇の渤海国王への立場は朝貢外交を朝廷の儀礼の場に限定して形式的に強制するというもので、渤海側からは朝貢外交を形式上許容しながらも交易を主体とする形で交渉がもたれたに過ぎない。それゆえ、桓武の帝国構想は当時の支配貴族たちという狭い宮廷社会のなかでだけ意味をもった、国際的には内実のほとんど伴わない幻想の大国であったと評さざるをえない。しかし、いったん生起した幻想は無意味なものとはならず、むしろ自らの論理にもとづいて歴史の牽引車となる場合があったことは事実である。

天平宝字年間には藤原仲麻呂（恵美押勝）が新羅征討戦争を計画したことがある。内外の政治情勢の変化によってこの政策はとりやめになるが、仲麻呂の失策を別の形で引き継ごうとしたのが桓武天皇であろう。桓武の帝国構想では反逆的な蕃国への強圧的軍事的な侵略・支配という思想は不可欠なものではなくなる。なぜならば、諸蕃の統治権は少なくとも桓武天皇以降は族縁・血縁の原理にもとづいて未来永劫にわたって日本天皇・日本国家の体内に組み込まれた存在になるからであって、後代の天皇＝皇帝はおのずからにその帝王性を皇統譜の継承のなかで自然生的に具現化し引き継いでいくことになるからである。

桓武天皇が新たに創出した国家神話は『古事記』『日本書紀』のような国史・文書の形でまとめられた形跡は認められないが、以降の歴史を通じて日本「神国」観が平安時代初期以来唱えられ、その思想は貴族・武士だけではなく広く民衆の世界へも浸透していくのである。貞観十一（八六九）年五月に新羅の海賊船二艘が博多津を襲撃する事件が起きる。朝廷は事件を「国威を損辱す」るものだとの認識を示し、伊勢神宮・石清水八幡宮などへの告文では、「我が日本朝は所謂神明の国なり、神明の護り賜はば、何の兵寇か近づき来るべし」と唱え、国内・国外のあらゆる厄難は「我が朝の神国」なるをもって未然に「拂ひ却け、鎮め滅し賜ふ」のだと述べている。この「神国」の観念は元寇のような国難に際してのみならず、豊臣秀吉のいわゆる「唐入り」あるいは近・現代史を彩るアジア侵略の時期にくり返し蒸し返された思想であった。

例えば文禄二（一五九三）年六月、豊臣秀吉が大明勅使に与えた条目には、「それ日本国は神国なり。神とは即ち天帝にして、天帝は即ち神なり。全く差なし」（『続善隣国宝記』）とあり、日本神国思想とそれを裏づける天帝の思想が露呈しているのであるが、これこそは桓武天皇が創出した神話の論理と帝国の構造そのものであろう。村井章介が指摘しているように平安時代以来の日本人の世界観は本朝（日本）・震旦（中国）・天竺（インド）という三国観で、ここでは朝鮮がそっくり抜け落ちてしまっている。それは日本人が朝鮮を無視し忘却していたためではなく、「神国日本」がもとより朝鮮を包摂し内属させているという無意識の心理が働いていたことを示すものと考えられる。「神国日本」の思想は日本と朝鮮諸国の双方に君臨する天皇＝皇帝という考え方を潜在させた国家思想というべきであって、そこには朝鮮を包括する日本帝国という桓武朝以来の国家観が潜み隠れていると考えざるをえない。

第三章 「蕃人共同体」論

一 「蕃人共同体」の構想

山部親王こと桓武天皇は天平九（七三七）年生まれなので、父の光仁天皇（白壁王）の禅譲を受けた天応元（七八一）年にはすでに四五歳になっていた。親父が皇位を踏んだのが六二歳という高齢で、さらにその後一〇年の治世が続いたのだから、山部の即位が壮齢になるまで遅れたのはある種の宿命とでもいうほかはないであろう。すでに多くの研究者が指摘しているように、青・壮年時代の山部親王が皇位に就く可能性は皆無に近かった。なぜなら山部親王は父王とともに天智系の皇族で皇嗣からは疎外されていたこと、光仁天皇の皇后は井上内親王で聖武天皇の娘という出自を誇り、異母弟の他戸親王がすでに皇太子に策立されていたので、光仁の即位は他戸皇太子即位に向けての中継ぎという措置であったことなどが主たる理由で、そもそも光仁の皇位は井上皇后の存在によって正当化されていたといってもよいからである。

一方、山部親王の生母は帰化系氏族の出身（蕃人）で身分的に卑母とされていたことも皇嗣からの疎外要因であった。山部親王の即位事情の問題にはすでに多くの研究があるため本論ではすべて割愛するが、親王は年齢を重ねて即位したということもあり、独自の政治構想を秘かに温める時間が充分に存在したということができるであろう。したがって桓武天皇は即位当初から自己の出自の問題にも能動的に向き合い、それを何らかの形で克服しようと努力し、新たな国家構想の構築という問題と絡めて政治的にきわめて高次元の手法によって解決を図るという方策をとったと推測される。それが「蕃人共同体」の創出という形で結実していくのであり、「軍事」(征夷)と「造作」(造都)以外の桓武天皇にまつわるもう一つの重要な政治課題をえぐり出そうとするのが本書を執筆した主な動機・目的でもある。

本書でいう「蕃人共同体」とは、蕃人の出自であることを自覚している桓武天皇その人を中核とする集団で、「諸蕃」すなわち帰化系氏族出身の人物とその家族・親族、さらに帰化氏族出身の配偶者をもつ人物の家族・親族などを対象とし、桓武天皇の側近・周辺に集められ天皇の政治の枢機に参与した貴族・官人・宮人などの集合体をイメージしている。いうまでもなく彼らは氏族という枠組みの外で天皇がつくりだした何らかの特殊な団体に組織化されていたわけではなく、網の目のごとく張り巡らされたさまざまなネットワークによって個々に天皇と結びついているだけであるが、背後に血縁ないし擬制的な関係によって結ばれた父母双方に広がりをもつ同族集団が控えており、天皇の思惑や命令がそれらの侍臣・重臣らを通じて直接に下達しやすい環境が形成された。桓武天皇は強力な政治的意志・意欲をもって帰化人すなわち「蕃人」出身の官僚・氏族やその姻族を重用したのであり、それが桓武朝とその後嗣である平城・嵯峨両朝の宮廷社会においても一つの特色ある政治勢力となったという点を重視するのである。

律令法には日本人と帰化系氏族出身者（蕃人）との婚姻に関する規制の条項はなかった。唐の母法にあっても来住した胡人や波斯人など蕃人と唐人との通婚に関する規制はかなり緩やかな内容のものであったとされている。しかし、奈良時代前半期の貴族社会では、両者の通婚をうかがわせるような事例は最高位の名門貴族である藤原氏においてはまったくみられず、議政官を輩出する伝統的な有力諸氏族（中臣・大伴・佐伯・阿倍・紀・石川・丹比など）でもそのような事例を史料上に検出することはできない。しかるに後半期になると藤原氏の高位・高官の人物の間にも帰化人の女性を妻に迎える事例が目立ちはじめ、その子どもらの世代が光仁・桓武朝とほぼ時期的に重なり、その余波はさらに平城・嵯峨両朝にも及ぶことになったのである。

天皇家の場合も同じ様相で、八世紀中葉頃までの親王や二世以下の王族でも婚姻事例をみつけ出すことは難しく、白壁王（光仁天皇）が天平初年頃に和新笠を娶り山部親王（天平九年生まれ）・早良親王（天平勝宝二年生まれ）・能登内親王（天平五年生まれ）を儲もうけたのはかなりに早く珍しい事例とすることができる。宮廷社会には蕃人との婚姻を忌避する不文律の規制があったためと考えられるが、理由はそれだけではなく、龍潜の時期の白壁王は、「天皇深く黄禍の時を顧みて、或いは酒を縦しきままにして迹を晦まし、故を以て害を免るるは数たびなり」（『続日本紀』光仁天皇即位前紀）と記すように、政界の暗闘に巻き込まれないための周到な思惑のあらわれとして、身分の低い蕃人女性との婚姻という思い切った行動に出たのではなかろうか。しかるに、山部親王が即位した八世紀末期には帰化系の婦人を娶るという風潮が貴族社会にも醸成されつつあったので、桓武天皇の生母が蕃人であるという事実は天皇家という点を度外視するならば、ある意味では孤立した特殊で異例の現象だという見方は誤解であるともいえるであろう。

　ここで藤原氏に関し一つの象徴的な事例を紹介しておきたい。天皇家だけではなく藤原氏も同じように帰化系の女性を妻とし、時代をリードする重要な人物をもうけた例がかなり多く散見されるからで、藤原不比等の四子のなかでも宇合（式家）と房前（北家）の系統にその早い事例があらわれ、武智麻呂（南家）の系統では孫の世代にそうした事例が顕在化するのであるが、式家・南家の場合については次節で述べるので割愛することにし、ここでは房前の孫内麻呂（七五六～八一二）の婚姻関係とその子孫に限定して簡潔に述べることとする。桓武天皇の「蕃人共同体」の構想はそのような社会的背景のなかで生まれた政策とみることができるが、天皇はこうした時流に乗る形で専制君主としての強権的な政治政策・政略として強引に臣下の婚姻・姻戚関係にも介入しようと図った場合があったことを確認することができる。

　藤原内麻呂の父は房前三男の真楯（八束）で、生母は阿倍帯麻呂の娘である。天平勝宝八（七五六）歳に生誕し、天応元（七八一）年十月ようやく従五位下に叙せられ官界に登場、延暦十三（七九四）年に参

●桓武天皇の親族

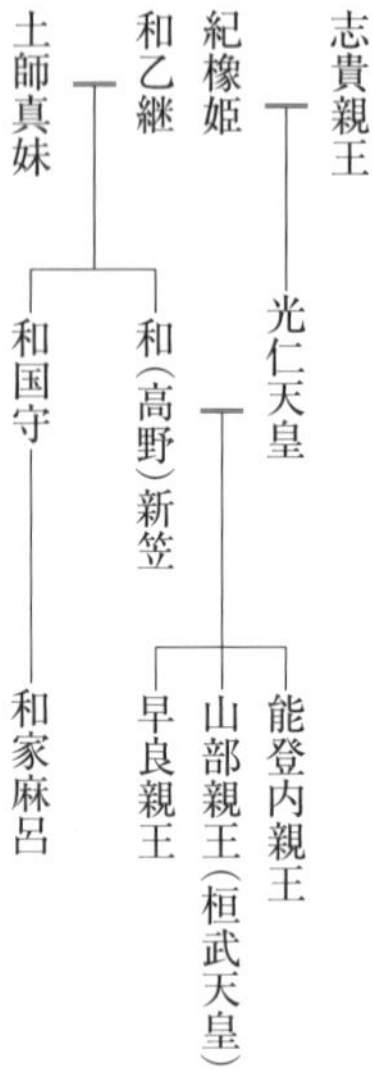

議となって廟堂入りするが、長子真夏は宝亀五（七七四）年生まれなので、最初の結婚は内麻呂一七歳以前で少なくとも宝亀四年より前にさかのぼることになる。翌宝亀六（七七五）年には二男冬嗣が誕生し、以下秋継・桜麻呂・福當麻呂・長岡・愛発・大津・衛・助など一一人の男子をもうける（女子は三人で緒夏・恵須子・紀有常の妻）。内麻呂の妻は数名を数え一夫多妻婚の典型で異母兄弟が多いなか、真夏（七七四～八三〇）と冬嗣（七七五～八二六）の生母は百済宿祢永継という名の女性であり、福當麻呂の生母は坂上大宿祢苅田麻呂の娘登子、愛発（七八七～八四三）の生母は山背国愛宕郡の依当忌寸大神の娘と伝えており、氏姓などからみていずれも帰化系の女人と解してよい。十男衛の生母は左大臣藤原永手の娘で血筋に恵まれていたが、議政官には就任していない。

右記したように内麻呂は延暦十三（七九四）年十月に参議に任じられて廟堂入りし、同十七年に中納言となり、平城朝のはじめ大同元（八〇六）年四月大納言、同年五月に右大臣となり、嵯峨天皇の弘仁三（八一二）年十月に没するまで廟堂におけるトップの座を維持し続けた。一方、子息の真夏と冬嗣は内麻呂家

●百済永継の婚姻関係

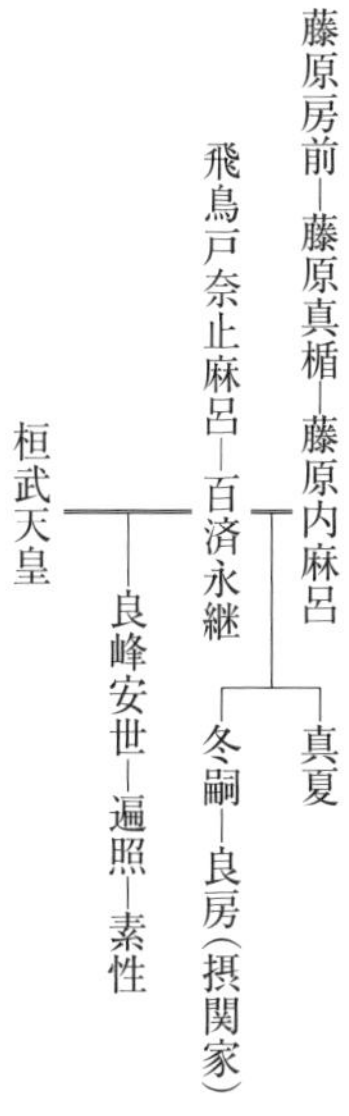

の俊英として政界での活躍が期待されていたが、平城上皇に伺候し平城宮の改修にも活躍した真夏は薬子の変で山陰道観察使から備中権守に左降され、弘仁三（八一二）年十二月本官に復したものの政治的には不遇をかこち、天長七（八三〇）年十一月散位従三位で死没したので、内麻呂の期待を一身に担ったのは嵯峨天皇の側近に仕えた冬嗣であり、官歴などの詳細はここで改めて縷述するまでもないが、冬嗣の系譜上の子孫が以後摂関家藤原氏の全盛時代をつくりあげることになったのである。

ところで、真夏・冬嗣兄弟の生母百済永継が桓武天皇の皇子良岑安世をもうけたことは著名で、真夏・冬嗣と安世は年齢にして一〇歳ほど違う異父・同母兄弟という関係になる。『日本逸史』に載せる安世の薨伝によると、天長三年に冬嗣が死没すると「同母兄」の故をもって朝廷への出仕を一時的に控えたといい、強い同胞意識を持していたことをうかがわせる。『新撰姓氏録』左京皇別上・良岑朝臣の項によると、安世は延暦二十一（八〇二）年十二月に良岑朝臣の姓を賜って臣籍に降り、右京に貫付されたらしい。その後左京に移貫して平城・嵯峨朝の官界で順調に昇進を遂げ、弘仁七（八一六）年十月参議となり、同十二（八二一）年正月には中納言、天長五（八二八）年二月に正三位で大納言に任じられた。安世は冬嗣とともに『日本後紀』の編纂に携わり、『内裏式』『経国集』の撰定にも関わっており、その文才は天皇と生母との双方の血筋から得たものであろう。つまり、桓武天皇は藤原内麻呂の最初の妻であった百済永継を後宮に迎え妃の一人としているのである。

天長七（八三〇）年七月六日に正三位・大納言で薨じた良岑安世は、『公卿補任』の記述によると享年四六歳であったので、生まれたのは延暦四（七八五）年であり、おそらく天皇が百済永継を入内させたのは即位直後で延暦三年以前ということになると推定される。姓氏録の記載によれば永継はもともと女孺として宮廷に仕えていた婦人で、桓武天皇の目に留まり、まだ官界への駆け出しの状態にある内麻呂との内密の折衝により婚姻関係を政治的に解消させる措置をとったといわざるを得ないであろう。次節でも述べるが、桓武天皇は皇位に就いた直後から意識的且つ積極的に蕃人政策を推し進め、自己の周辺から「蕃人共同体」の創出に向けて動きはじめたと考えられ、その一つの事例が百済永継の入内だったといえるのではなかろうか。

百済宿祢永継の父は飛鳥部（戸）奈止麻呂で、天平神護元（七六五）年正月に百済安宿公奈登麻呂が正六位上から外従五位下に昇叙された記事が国史にみえる唯一の記録である。姓が公から宿祢に転じたのがいつのことなのかは不明であるが、おそらくは永継の入内を契機とし親族の範囲に限って百済宿祢姓が授けられた可能性が高い。

延暦二（七八三）年四月に同族の正六位上飛鳥戸造弟見が外従五位下を授けられ、翌年四月には同人が飛騨守に任ぜられており、また『日本後紀』弘仁三（八一二）年正月十二日条によると、「右京の人正六位上飛鳥戸造善宗、河内国の人正六位上飛鳥戸造名継に、姓百済宿祢を賜ふ」とあり、さらに『三代実録』貞観四（八六二）年七月二十八日条によれば、「左京の人造兵司少令史正六位上飛鳥戸造弥道に姓百済宿祢を賜ふ。百済国の琨伎の後なり」とし、「河内国安宿郡の人外従五位下行主計助飛鳥戸造豊宗、本居を改め左京職に隷く」、「河内国安宿郡の人皇太后宮少属正八位上百済宿祢有世を左京職に貫付す」などとあり、貞観五（八六三）年八月十七日条には、右の豊宗の家族「男女八人に姓御春朝臣を賜ふ。其の先は百済国の人琨伎より出ず」と記す。元慶元（八七七）年十二月二十五日条には「河内国安宿郡の人外従五位下主税助百済宿祢有雄、本居を改め右京三条に隷く」とあり、同四（八八〇）年八月二十九日条に「河内国の飛鳥戸神社に田一町を賜ひ、以て春秋祭祀の費に充てしむ。氏人主税助外従五位下百済宿祢有雄・主殿権允正六位上御春朝臣有世等の請に縁てなり」と記すように、桓武朝以後造姓から宿祢姓や御春朝臣姓に変転していく趨勢を示すことがわかる。

氏名の飛鳥戸・安宿は河内国安宿郡や延喜式内の飛鳥戸神社（羽曳野市飛鳥）に由来するものと考えてよく、飛鳥戸神社は祭神を百済琨伎王としており、『新撰姓氏録』河内国諸蕃の飛鳥戸造の項には、「百済国主比有王の男、琨伎王より出ず」とし、「百済国末多王の後なり」とする飛鳥戸造もいたが、いずれにしても歴とした百済系渡来人の一族であった。藤原不比等の娘光明子が幼名を安宿媛と称したのは、彼女の乳母が飛鳥戸造氏の女性だったからで、生母県犬養橘三千代は河内国古市郡に本拠地を置いており、付近の帰化系氏族と日常的な交流関係が存在したことを推定させる。『日本書紀』雄略五年条に引く「百済新撰」の記事には、「辛丑の年に、蓋鹵王、弟昆支君を遣して、大倭に向でて、天王に侍らしむ。以て兄王の好を脩むるなりといへり」とあり、昆支君は百済の蓋鹵王の弟で、四六一年に来倭した王族であるらしいが、『三国史記』の文周王三（四七七）年七月条によれば「内臣佐平昆支卒す」とあり、帰国して後本国で没したようであって、昆支君の親族または随行した百済官人の一部がそのまま倭国に定着し飛鳥戸氏になった蓋然性が高いと考えられる。

推測するに、桓武天皇は強引ともいえる政治手法によって百済永継を妃にし、その反対給付として藤原内麻呂家との縁戚関係を密にし、内麻呂を政界において重視し贔屓にしようとする姿勢を具体的に示しただけでなく、前夫との間に永継がもうけていた優秀な子息真夏・冬嗣らをもそれぞれ安殿（平城天皇）・神野（嵯峨天皇）両親王の侍臣に据え、桓武政権以後の政権基盤を予め固めようと策したのではなかろうか。真夏は延暦二十三年二月に春宮亮となり、冬嗣は大同元年十月春宮大進に任じられている。さらに、『日本紀略』延暦十二年九月十日条には、「見任の大臣・良家の子孫は、三世以下の王を娶ることを許す。但し藤原の氏は、累代相承け、摂政絶へず。此を以て論ずるに、等を同じくすべからず。殊に二世以下の王を娶ることを聴すべし」との詔が出され、栗原弘の検討によるとこの制度変更の恩恵を受けた最初の人物は衛（恒世親王の娘）・冬嗣（大庭王の娘）と孫の良房（源潔姫）らであったという。天皇が主体的に打ち出したこれらの施策は専制君主にありがちな単なる気儘な行為であったのではなく、計画的・意図的な政治構想の一環とみなすべきものであろう。

桓武天皇は歴代天皇のなかでも群を抜いて多数の后妃をもうけている。表4に掲示したように、皇后・夫人・女御などおよそ三〇人の后妃を文献史料の上で確認することができるが、藤原氏に出自する女性が一〇人を占めて圧倒的に多く、またいずれも入内がきわめて早い時期であるのは、即位に至る経過が物語るように天皇自身の藤原式家への強い思い入れや、さらに皇室の藩塀としての勢力や伝統がさすがの桓武でも無視できない情況になっていたことによるものと考えられるだろう。おそらくこの現象の背景にはミウチ関係を重視しようとする心理が強く作用しているものと考えられ、后妃の背後勢力を固めることによって専制権力を行使しやすい環境を創り出そうとする意図をうかがうことができるであろう。

表4　桓武天皇の后妃

氏　名	地　位	父　　母	子　　女
藤原乙牟漏	皇后	藤原良継・阿倍古美奈	平城天皇 嵯峨天皇 高志内親王
酒人内親王	妃	光仁天皇・井上内親王	朝原内親王
藤原旅子	夫人	藤原百川・藤原諸姉	淳和天皇
藤原吉子	夫人	藤原是公・橘麻都我	伊予親王
藤原小屎	夫人	藤原鷲取・藤原人数	万多親王
藤原仲子	女御	藤原家依	
藤原正子	女御	藤原清成	
藤原上子		藤原小黒麻呂	滋野内親王
藤原河子		藤原大継	仲野親王 安勅内親王 大井内親王 紀内親王 善原内親王
藤原東子		藤原種継	甘南美内親王
藤原平子		藤原乙叡・藤原名子	伊都内親王
多治比真宗	夫人	多治比長野	葛原親王 佐味親王 賀陽親王 大野親王 因幡内親王 安濃内親王
多治比豊継			長岡岡成
紀乙魚	女御		
紀若子		紀船守	明日香親王
橘常子	女御	橘島田麻呂	大宅内親王

氏　名	地　位	父　母	子　女
橘御井子	女御	橘入居	賀楽内親王 菅原内親王
橘田村子		橘入居	池上内親王
中臣豊子		中臣大魚	布勢内親王
因幡国造浄成女			
坂上又（全）子		坂上苅田麻呂	高津内親王
坂上春子		坂上田村麻呂	葛井親王 春日内親王
百済王教法	女御	百済王峻哲	
百済王教仁		百済王武鏡	太田親王
百済王貞香		百済王教徳	駿河内親王
百済永継		飛鳥戸奈止麻呂	良岑安世
河上好		錦部春人	坂本親王

※井上満郎『桓武天皇』177～179頁「桓武天皇の后妃」を参照して作成した。

そのようななかにあって、桓武朝以前の後宮社会ではかつてみられなかった異例の事態が起きており、帰化系の后妃を七人も入内させていて、内訳は百済王氏が三人、坂上氏が二人、百済宿祢氏が一人、河上（錦部）氏一人という構成になっており、とりわけ百済王氏との結びつきを最も重視していたことがうかがわれ、ここにも天皇の政治的構想の一端が顕在化していることが明らかになる。天皇が百済系帰化人女性の生みの子であることから、意識の上で后妃の選定にも伝統の壁がさまで障害にはならなかったからであり、さらに天皇には「蕃人共同体」の構想にもとづく政策の実現という積極的な課題があったと考えられる。そして、后妃を出した側の帰化氏族にすれば、自氏族の祖先系譜が皇統譜につらなり生まれた皇族の外戚氏族になるという歴史的な栄誉を担うだけでなく、皇家への奉仕意識が格段に強まり、政治的経済的な利害関係の上でもすこぶる優位・有利な立場に立つことができたのである。

二　天皇・藤原氏・百済王氏

律令国家の国政運営は太政官を基軸として行われたが、桓武天皇が政治の指導性を強力に発揮しようとする場合には、前代から引き続き政界に大きな発言権や政治的実力を保持している藤原氏の影響を何らかの方策をもって削ぐ必要があり、議政官の構成を天皇にとって都合のよい内容・環境に改変することが重要な課題になった。

だが幸運ともいうべきか、先朝の宝亀八（七七七）年九月に従二位内大臣の藤原良継が没し、宝亀十（七七九）年七月には藤原百川が、また同年十二月に藤原縄麻呂が相次いで死没し、光仁天皇末期の廟堂には左大臣藤原魚名と右大臣藤原田麻呂、藤原是公・藤原継縄らが中納言として進出する情勢になっていたが、天応元（七八一）年四月に即位した桓武天皇は、即位直後に起きた氷上川継の謀反事件を利用して参議の藤原浜成を大宰府に左遷し、左大臣藤原魚名を坐事にことよせて政界から追放したのであり、さらに延暦二（七八三）年三月に右大臣藤原田麻呂が没した後、延暦四（七八五）年に勃発した藤原種継暗殺事件の結果、天皇の腹心でその政治力に大きな期待をかけていた種継までもが急死するという事態に直面し、自ら強権を発揮して太政官の構成を大きく変質させる措置をとるように踏み切ったのである。

種継暗殺事件が起きた延暦四年以降の太政官首脳部は、右大臣藤原是公（南家）・大納言藤原継縄（南家）の体制が同八（七八九）年九月に是公が没するまで続き、翌九年以後は右大臣継縄・大納言藤原小黒麻呂（北家）のコンビが出現する。

是公は「時務に暁習し、割断滞ること無し」との評を得た裏表のない実務派官僚で、しかも継縄とは従兄弟の関係にあったから、種継を失った天皇は事件の結果思いがけない形で専制政治を強力に推し進めるための環境を手に入れたのである。そして、是公の死没により継縄・小黒麻呂が太政官首座を占めたことはおそらく天皇にとってきわめて理想的な政治状況が生まれたことを意味し、平安京への遷都計画は延暦十二（七九三）年正月から実行に移されることとなる。ここで桓武専制体制の成立を告げる延暦九（七九〇）年二月二十七日条の全文を引用しておきたい。前年十二月に桓武天皇は生母高野新笠を喪い、明くる九年正月十五日に大枝山陵に埋葬しているので、服喪期間とはいえこの時の任官・叙位が通例の年頭人事であることに留意しておきたい。

詔して大納言従二位藤原朝臣継縄を右大臣と為す。中納言正三位藤原朝臣小黒麻呂を大納言と為す。従四位上大伴宿祢潔足、従四位下石川朝臣真守、大中臣朝臣諸魚、藤原朝臣雄友を並びに参議と為す。従三位紀朝臣船守に正三位、正五位上当麻王に従四位下、无位調奈王に従五位下、正四位下紀朝臣古佐美に正四位上、従四位上和気朝臣清麻呂に正四位下、正五位上文室真人高嶋、百済王玄鏡に並びに従四位下、従五位上百済王仁貞に正五位上、従五位上羽栗臣翼に正五位下、従五位下藤原朝臣末茂に従五位上、正六位上百済王鏡仁に従五位下を授く。是の日、詔して曰はく、百済王等は朕が外戚なり。

今所以に一両人を擢てて、爵位を加へ授く、と。

右の文章は右大臣以下の議政官の任命と官人への成選位階の授与、そして百済王氏への爵位の特授を弁解した詔文から成り、筆者が最も重視しているのはいうまでもなく「百済王等は朕が外戚なり」と宣言した詔の部分で、天皇はこの画期的な言明によって百済王氏一族との血縁関係を公式に認め、さらに引いては自己の系譜が百済王室や百済系帰化人につながることを公然と明らかにしたことになるのである。おそらく生母の死去という事態が天皇をして右の発言に与えた影響はきわめて大きかったとみるべきである。天皇は「后の先は百済の武寧王の子純陀太子より出ず」とする考えをもっていたから、百済王氏との系譜上のつながりを公然化したことはある意味では自然の成り行きだったのである。

ただここでとりわけ留意する必要があるのは、厳密な意味での「外戚」とは母方の姻族を指す語であり、天皇が百済王氏との実体的な外戚関係を形成してはいないという事実を重視すれば、わざわざ何のために このような宣言を行う必要があったのかは一考を要することであろう。この宣言にはさまざまな意味が込められているように思われるが、「外戚」という語を姻戚あるいは縁戚関係という幅広い意味合いで捉えようとし、またその象徴的な対象を百済王氏に措定することにより、帰化系氏族出身の官人やその系累であっても相応の扱いをするであろうという政治的プロパガンダになっているのではなかろうか。叙位・任官の儀にからめての宣言であるという点に留意する必要があり、筆者はこれを天皇の「蕃人共同体」構想の意図的宣明であると考えている。おそらく詔文は長らく天皇の精神のなかに秘められていた政治構想がはじめて公然化されたものとみるべきで、なかでもとりわけ重視された人物が議政官の中枢を担う藤原継縄・

藤原小黒麻呂らであったと考えられるのである。

この時右大臣に任命された藤原継縄は南家豊成の子で、妻は百済王明信である。継縄夫妻の間には延暦十三（七九四）年十月に参議となった藤原乙叡がいる。桓武朝は先に記した藤原魚名以後には左大臣を欠員とする体制が最後まで続いたので、「政迹聞こえず、才識無しと雖も、世の譏を免かるを得るなり」（『日本後紀』延暦十五年七月十六日条）という厳しい批評を受けた継縄ではあるが、天皇が専制権力を振う上では最適の人材であったというべきであろう。百済王明信は天平勝宝六（七五四）年頃に継縄と結婚してからも「帝の寵渥を被る」（『日本後紀』大同三年六月三日条）という特別親密な関係をもった女性で、即位して以後も天皇は何度も継縄の邸宅・別業を訪問して親交を深め、桓武朝以後も長らく尚侍を務めて薨じており（『日本後紀』弘仁六年十月十五日条）、桓武朝発足当初より典蔵・典侍を歴任した和気清麻呂の姉広虫とのコンビで後宮の監督・運営に重要な役割を担い、また百済王氏一族と天皇とを結節する枢要な立場にいた女性とみなすことができる。

ところで、文献で確認できるだけでも桓武天皇は治世中二六〇回ほどの行幸を行っている。その大半は延暦十一（七九二）年から同二十三（八〇四）年までの期間に集中しており、京郊への遊猟と巡覧・京中の巡覧が主な目的であった。そのなかで特異な様相を呈する行幸が一四回にわたる河内国交野郡への行幸である。交野行幸の大半も遊猟のためであるが、日帰りの遊猟とは違い行宮での滞在期間が数日に及ぶという特色がある。しかも延暦十年以前に実施した初期の全六回の行幸のうち、延暦二年十月・同六年十月・同十年十月の行幸先は交野に集中しており、さらにすべて十月に実施しているのである。天皇は交野で何

表5　桓武天皇の交野行幸

年月日（期間）	関係記事
延暦2年10月14日 10月16日	行幸交野、放鷹遊猟。 詔免当郡今年田租。国郡司及行宮側近高年、并諸司陪従者、賜物各有差。又百済王等供奉行在所者一両人、進階加爵。施百済寺近江播磨二国正税各五千束。授正五位上百済王利善従四位下、従五位上百済王武鏡正五位下、従五位下百済王元徳・百済王玄鏡並従五位上、従四位上百済王明信正四位下、正六位上百済王真善従五位下。
10月18日	車駕至自交野。
延暦6年10月17日 10月20日	天皇行幸交野、放鷹遊猟。以大納言従二位藤原朝臣継縄別業為行宮矣。 主人率百済王等奏種々之楽。授従五位上百済王玄鏡・藤原朝臣乙叡並正五位下、正六位上百済王元真・善貞・忠信並従五位下、正五位下藤原朝臣明子正五位上、従五位下藤原朝臣家野従五位上、无位百済王明本従五位下。是日還宮。
延暦10年10月10日 10月12日	行幸交野、放鷹遊猟。以右大臣別業為行宮。 右大臣率百済王等奏百済楽。授正五位下藤原朝臣乙叡従四位下、従五位下百済王玄風・百済王善貞並従五位上、従五位下藤原朝臣浄子正五位下、正六位上百済王貞孫従

をしようとしたのかが問題になるが、交野郡が百済王氏の本拠地であったことを想起すべきであろう。右に指摘した三度の行幸関係記事を列記し簡単な解説を付すと次のようになる。

A延暦二（七八三）年十月十四日・十六日・十八日

・交野に行幸し、鷹を放ちて遊猟す。

・詔して当郡の今年の田租を免じ、国郡司及び行宮側近の高年、并びに諸司の陪従せる者に、物を賜ふこと各差有り。又百済王等の行在所に供奉せる者一両人に、階を進め爵を加ふ。百

	五位下。
10月13日	車駕還宮。
延暦11年9月28日	遊猟于交野。
延暦12年11月10日	遊猟于交野。右大臣従二位藤原朝臣継縄献揩衣。給五位以上及命婦采女等。
延暦13年9月22日	遊猟于交野。
延暦13年10月13日	遊猟于交野。賜百済王等物。
延暦14年3月27日	遊猟于交野。
延暦14年10月16日	幸于交野。以右大臣藤原朝臣継縄別業為行宮。
10月22日	車駕還宮。
延暦16年10月8日	有啄木鳥、入前殿。明日車駕将幸于交野、縁斯而止。
延暦18年2月8日	行幸于交野。
延暦18年10月9日	遊猟于交野。
延暦19年10月17日	幸交野。
10月25日	車駕還宮。
延暦21年10月9日	幸交野。
10月15日	車駕帰自交野。

済寺に近江・播磨国正税各五千束を施し、正五位上百済王利善に従四位下、従五位上百済王武鏡に正五位下、従五位下百済王元徳・百済王玄鏡に並びに従五位上、従四位上百済王明信に正四位下、正六位上百済王真善に従五位下を授く。

・車駕交野より至れり。

B延暦六（七八七）年十月十七日・二十日

・天皇交野に行幸し、鷹を放ちて遊猟す。大納言従二位藤原朝臣継縄が別業を以て行宮と為す。

・主人百済王等を率ゐて

種々の楽を奏せしむ。従五位上百済王玄鏡・藤原朝臣乙叡に並びに正五位下、正六位上百済王元信・善貞・忠信に並びに従五位下、正五位下藤原朝臣明子に正五位上、従五位下藤原朝臣家野に従五位上、无位百済王明本に従五位下を授く。是の日宮に還る。

C延暦十（七九一）年十月十日・十二日・十三日

・交野に行幸し鷹を放ちて遊猟す。右大臣の別業を以て行宮と為す。

・右大臣百済王等を率ゐて、百済楽を奏せしむ。正五位下藤原朝臣乙叡に従四位下、従五位下百済王玄風・百済王善貞に並びに従五位上、従五位下藤原朝臣浄子に正五位下、正六位上百済王貞孫に従五位下を授く。

・車駕宮に還る。

まず行宮の問題であるが、平城京時代のAでは交野の行在所の所在地が不明である。おそらくこの行宮は光仁天皇が宝亀二（七七一）年二月難波行幸の時に使用したものと同じ施設とみられ、交野郡北部の樟葉付近に所在したと推測される。ところが長岡京時代のB・Cでは藤原継縄の別業が行宮になっていることがわかる。おそらくAで使用された行在所が勅命により継縄夫妻に下げ渡されたのであろう。実はBの直前に当たる延暦六（七八七）年八月二十四日に、天皇「高椅津に行幸す。還るに大納言従二位藤原朝臣継縄第に過って、其の室正四位上百済王明信に従三位を授く」とあり、位階からみて明信はこの叙位を契機として宮人のトップである尚侍に任命された可能性が高く、同時に交野の行在所が継縄夫妻に特別の恩典として与えられ別業となったのではなかろうか。天皇の交野行幸の目的地・滞在先はこの別業なのであって、百済王氏の第宅ではなかったのである。

次に交野行幸は例によって遊猟からはじまっているのであるが、その後は行宮に滞在し継縄夫妻の家族と百済王氏一族との内輪の交流や別勅の叙位が中心となっていたようである。もちろん多数の臣下が行宮に陪従しているので、交野行幸は天皇と継縄夫妻・百済王氏一族との親密な関係を臣下の目の前で効果的に演出するための舞台装置となったと考えられる。継縄と明信との間に生まれた藤原乙叡（七六一～八〇八）は継縄家の俊英として天皇に寵愛され、継縄没後の桓武朝後期に栄進して中納言に就任している。

また、右の滞在期間には天皇の動静が知られない空白の日々がある。とくにAの行幸は翌三年に長岡京遷都の命令が出る直前のものであるので、天皇はあらかじめ長岡と交野の地理的関係を把握し、さらに後述する郊祀の適地を視察する目的の下に動いた可能性があるだろう。百済寺は百済王氏の氏寺で天平勝宝年間以後に創建されたらしいが、天皇はこの寺に正税一万束を下賜していることがわかり、百済王氏に対して何らかの特殊な奉仕を求めてのことだったと考えられ、林陸朗は皇帝祭儀のための郊祀円壇の設立を想定しているが、妥当な見解だと考えられる。このように継縄は廟堂のトップの地位にあって天皇の政治を補佐するだけではなく、妻百済王明信とともに百済王氏を統率する立場にもあったことがわかる。

次に大納言に昇任した藤原小黒麻呂（七三三～七九四）については、北家房前の長男鳥養の子、その妻は秦下島麻呂の娘で、葛野麻呂（七五五～八一八）をもうけている。葛野麻呂の名は母の生家との関係を示すものと指摘されており、山背国葛野郡は秦氏本宗の本拠地とされた土地である。さらに葛野麻呂の子常嗣（七九六～八四〇）も菅野真道の同族と考えられる菅野池成の娘浄子と結婚しており、葛野麻呂・常嗣父子は二代にわたり遣唐大使に選任されたが、秦氏の財力や王辰爾後裔氏族の外交技術などが背景にあることが注意される。

天平十四（七四二）年八月、造宮録正八位下であった秦下島麻呂は、恭仁宮の大宮垣を造営した功をもって一躍従四位下を授けられ、太秦公姓と銭百貫・絁百疋・布二百端・綿二百屯を賜った。天平十七（七四五）年五月には造宮輔として恭仁宮の掃除を命じられているが、島麻呂は山背国南部相楽郡辺りに本拠地を置いた土豪と推定され、小黒麻呂は島麻呂の財力のみならず、外戚の島麻呂を通じて山背国内に蟠踞する秦氏との広範な人的つながりを重視したと考えられ、そうした人脈に天皇が目をつけたのであろう。長岡京造営計画がはじめて明らかになった延暦三（七八四）年五月、乙訓郡長岡村の地を視察した中心人物こそが藤原小黒麻呂（中納言正三位）と藤原種継（中納言従三位）であったことが想起されるであろう。因みに小黒麻呂の娘上子は桓武の後宮に入り滋野内親王をもうけており、種継の娘東子も入内して甘南美内親王を生んでいる。

周知のように、藤原種継（七三七～七八五）は桓武天皇が重用した第一の侍臣で、長岡京遷都については、「天皇甚だ之を委任し、中外の事皆決を取る。初め首として議を建て、都を長岡に遷さむとす」と記す通り、種継の提言によると考えられる。その種継も秦氏と密接な関係があったことはよく知られており、母は秦忌寸朝元の娘であったと伝えられている。種継の父は式家の祖藤原宇合の子清成で、名門藤原氏のなかでは最も早く蕃人を生母とした人物であり、しかも天平九年（丁丑）生まれということは奇しくも桓武天皇と同い年であることを意味する。生母が蕃人出身である天皇と種継の間には君臣関係とはまた別の特別な友情が育まれたことが推測されるであろう。

秦朝元は入唐僧弁正の子どもで、朝元は弁正の在唐中に生まれ、天平五（七三三）年十二月には再度入唐し玄宗皇帝から厚遇を受けている。したがって種継も秦氏と親密なつながりがあったとみてよく、造都の事業に小黒麻呂・種継が起用されたのは自然の流れであった。因みに秦氏は新羅系の渡来集団とされ、その主力の集団は五世紀後半の時期に京都盆地の葛野・紀伊両郡の地域に入植し開発を行ったとされており、桓武天皇の山背国への遷都計画には小黒麻呂・種継の存在を欠くことができなかったといえるであろう。

延暦三（七八四）年十二月十八日条には、「山背国葛野郡の人外正八位下秦忌寸足長、宮城を築き従五位上を授けらる」とあり、叙位十一階の特別昇進の措置が取られているのは、足長の影響下にあった秦氏一族の広範な動員があったことを想定でき、翌延暦四（七八五）年八月二十三日条にも、「従七位上大秦公忌寸宅守に従五位下を授く。太政官の院垣を築くを以てなり」とあり、同年十二月十日条には、「近江国の人従七位下勝首益麻呂、去る二月より十月に迄るまで、進る所の役夫惣て三万六千余人。私粮を以てこれに給す。労を以て外従五位下を授けらる」と記す。勝首は秦氏の同族であり、一カ月平均延べ四〇〇〇人という役夫を私粮によって動員しており、天皇が種継・小黒麻呂を通じて秦氏の財力と組織力に依存しようとしたことは明らかであろう。およそ半年間の突貫工事で宮城主要部の造営を貫徹するためには、山背・近江・河内・摂津など淀川水系の諸国に広く蟠踞している秦氏の存在が貴重だったのである。

ところで、山背国葛野郡の秦氏に関し従来からしばしば指摘されてきた興味深い史料が存在している。

『類聚国史』仏道十四（度者）・延暦十一年正月庚午条に載せる伝燈大法師位施暁の奏言である。施暁は桓武天皇が近江国大津に建立した梵釈寺の初代住持とされる高僧で、奏状は次のような内容である。

山背国の百姓秦忌寸刀自女ら三十一人は、倶に誓願を発し、聖朝の奉為に、去る宝亀三年より今年にいたる迄、毎年春秋に、悔過修福す。其の精誠を顧みるに、実に随喜すべし。伏して望むらくは、其の心願に従ひ、咸く得度せしめんことを。

宝亀三（七七二）年は山部親王が皇太子に冊立された年で、以後延暦十一（七九二）年に至るまで秦忌寸刀自女らは天皇のための仏事を定期的に実修してきたという。刀自女らのような知識集団が桓武天皇の遷都を在地において支えた勢力であったことが想像できるが、山背秦氏のなかには天皇と親密なつながりをもつ氏族が存在した。それは天皇と酒人内親王（七五四〜八二九）との間に生まれた朝原内親王（七七九〜八一七）の乳母と推定される朝原忌寸氏で、この氏族は宝亀七（七七六）年十二月に葛野郡人の秦忌寸箕造ら九七人に朝原忌寸姓を賜っているように秦氏の一派であり、その本拠地は右京区北嵯峨朝原山町付近とみられ、宝亀十（七七九）年に誕生した内親王の養育や伊勢斎宮への奉仕を担った氏族と考えてよい。右の史料に出る秦忌寸刀自女らの集団はこの朝原忌寸氏と関係する者たちであった可能性もあり、天皇の后妃としては唯一の皇女である酒人内親王の娘を秦氏に託したのは、意図的な蕃人政策の一環としてではなかったかと推測されるのである。

三　「蕃人」の重用

桓武天皇の帰化氏族との関係にはそれまでの王権の歴史にはまったくみられなかった斬新さが幾つもある。その象徴的な現れの一つが帰化氏族の人物を太政官の議政官の一員にはじめて登用したことである。平安京遷都の二年後の延暦十五（七九六）年三月、従四位下和朝臣家麻呂が参議に任命されたことがそれで、彼はその後延暦十七（七九六）年八月には中納言となり、延暦二十三（八〇四）年四月二十七日、従三位中納言・中務卿をもって薨じ、詔により従二位大納言を贈られている。享年七一歳というから当時としては寿命をまっとうした人物だったたといえる。誕生は逆算すると天平六（七三四）年で、桓武天皇とは三歳違いの従兄ということになる。

『日本後紀』の当日条には、「家麻呂は、贈正一位高野朝臣弟嗣の孫なり。其の先は百済国の人なり。人と為り木訥にして、才学無し。帝の外戚を以て、特に擢び進めらる。蕃人の相府に入るは、此れより始まる」と記し、天皇の「外戚」であるという特殊の条件と配慮があって議政官となり得た人物であるとしている。「木訥にして、才学無し」とは厳しい人物評ではある。しかし、家麻呂は何の前提もなく急激に昇進したのではなく、下積みの官歴を経ていることを忘れてはならず、そこのところを天皇も評価した上での廟堂入りといわねばならない。家麻呂の官歴は延暦五（七八六）年に従五位下で伊勢大掾に任じられたところから明確になるが、その後造酒正・造兵正・内厩助・美濃介・治部大輔・大和守・相模守などの諸官

表6 和気氏系図

清麻呂 民部卿造宮大夫中納言 從三位
光仁天皇神護景雲宇佐使。　神護景雲元年帝擬禪寶位於道鏡禪師。爲勅使發遣宇佐使。　拜祖〔マヽ〕奇異神託人也。委有和氣傳。有忠直之節。與姉廣蟲奉仕　高野天皇。蒙愛信也。母□□。贈正三位。美作備前二國國造。

廣蟲 正四位上典藏
母□□。淸丸卿姉也。從五位下葛木戶主妻也。女子。

廣世 式部少輔左中弁大學頭 正五位下文章博士
母□□。弘仁嵯峨。承和仁明。二代宇佐使。延暦年中寂澄大師將來之經論等流布七道人也。

家麻呂
贈從二位。中納言。據公卿補任。高野弟嗣之孫。其先百濟人。非淸麻呂之子。

眞菅 出羽守

仲世 刑部大輔左少弁彈正大弼 從四位上
母、、。按文德實錄。仲世爲淸麻呂第六子。

宗世 大內記美作守
母、、。

利親 肥後守伊勢守
母、、。

雅文 從五位下筑後守
母、、。

達男 右少弁從五位下但馬守
母、、。延暦大同二代宇佐使。

眞綱 藏人頭　參議從四位上右大弁左中將 內藏頭修理大夫右近將監兼弁
始被置非違別當。第二。任天長宇佐使。母、、。致天台眞言兩宗建立弘通。是眞綱。舍兄廣世兩人力也。委見三善爲康記。

貞臣 大內記從五位下
母、、。

豐永 上總介三河守
母、、。

好道 大學頭和泉守
母、、

貞興 攝津守美作守
母、、。嘉祥宇佐使。

觀光 佐渡守
母、、。

を経て、延暦十五年に参議となる。延暦十六年以降には衛門督・左衛士督・兵部卿・治部卿・中務卿・宮内卿などを相次いで兼任しており、いわば当人に箔を付けさせるための天皇の配慮によるものだったと考えることができるだろう。

彼の異例の昇進は藤原氏らの貴族たちには喜ばれなかった模様で、「蕃人」が廟堂に入ったことのはじまりであると論難している。「蕃人」という語は帰化人（とその後裔）を表す令制の用語であるが、この語句をことさらにもち出していることから、家麻呂に対する無言の強い差別意識が貴族たちのなかに底流していたことは明らかである。しかし、家麻呂は天皇の母高野新笠の甥という関係もあって、桓武天皇自身から発せられた意向を強烈に反映した人事であったことは否定できないのであり、弱小の蕃人であった家麻呂を別の形で引き立てるために天皇は一つの手を打ったと推定される。家麻呂について看過できない史料が存在しているからである。

『和気氏系図』（群書類従巻第六十三・続群書類従第七輯上所収）によると、和気朝臣清麻呂（七三三～七八九）の長子広世（生年・没年共に不詳）の子に家麻呂があり、尻付に「贈従二位、中納言。拠公卿補任、高野弟嗣之孫。其先百済人、非清麻呂之子」と記し、家麻呂の子に「真菅（出羽守）」の名が記されている。尻付に記載があるように家麻呂は和気氏出身の人ではないので、和気氏の系譜に彼の名が記してあるのは家麻呂が和気広世の養子におさまったことを示すものである。ところが、先述したように家麻呂は天平六年の生まれで桓武天皇や和気清麻呂とほぼ同年輩であるので、広世の養子とするのはきわめて強引な措置であるとしかいいようがなく、また家麻呂の子とされる和気真菅は承和七（八四〇）年三月に従五位下を授けられ出羽守に任じられた記事があり、家麻呂の子と考えると年齢的にかなり不自然であって、広世の弟に真綱がいることを勘案すると広世の孫ではなく実の子とみた方が整合的である。そうすると和気系図の家麻呂は強引な系譜的操作の産物であるとみなすことができるであろう。そもそも、和気広世に関しては『日本後紀』延暦十八年二月二十一日条の清麻呂の薨伝に次のような記述がみえる。

長子広世は、家を起こして文章生に補す。延暦四年事に坐して禁錮せらるも、特に恩詔を降し、少判事に除す。俄かに従五位下を授け、式部少輔と為し、便りに大学別当と為す。

右の記文によれば、広世は延暦四（七八五）年に何らかの罪を得て禁錮されたが、恩詔によって許され少判事となったとする。坐事のことは一応この年九月の藤原種継暗殺事件に関わるものではないかと疑われ、そのように解する意見もあるが、広世が事件に関与していたことをうかがわせるような事実が見当たらず、また父清麻呂が桓武天皇の有力な侍臣であったことから広世が事件に組みしたとは考え難いし、事件の性格上広世一人が厳罰を免れたというのもきわめて不審で、恩詔によって罪を許されているので何らか特別の背後事情があったに違いないのであるが、それが何なのかは不明なのである。しかし、先ほど指摘した系譜の件を想起すると、和朝臣家麻呂の養子の件に関し広世は天皇からの勅命をはじめは拒絶して違勅の罪を得、その後父の説得などによって受け容れるに至ったという事情があったのではないかと憶測されるのである。

右に引用した和気清麻呂の薨伝によると、清麻呂は「中宮の教えを奉りて、和氏の譜を撰び奏す。帝甚だこれを善す」とあり、天皇の生母高野新笠の指示を受けその祖先系譜を作成したと伝えている。清麻呂は延暦七（七八八）年二月から同八年十二月まで中宮大夫の職にあり、おそらくは勅命にもとづき新笠の祖先系譜を作成したのであろう。延暦八年三月には百済王仁貞が中宮亮に任じられており、清麻呂の任務を補佐したことが推測されている。遺憾ながらこの系譜は伝存していないが、和朝臣家麻呂の清麻呂家との養子縁組の成立が『和氏譜』の選定を天皇や新笠が清麻呂に託した要因になったのではないかと考えられるのである。

ところで、和気広世の坐事ときわめて類似する一件が藤原朝臣魚名の左大臣解任に関わる事件であると考えられる。魚名（七二一～七八三）は北家藤原房前の第五子で、光仁朝において頭角をあらわし、大納言（近衛大将・大宰帥兼任）・内臣・忠臣・内大臣などを歴任した後、天応元（七八一）年六月二十七日、正二位で左大臣兼大宰帥となり、翌延暦元（七八二）年六月十四日、突如大臣位を剥奪され大宰府に左遷されたのである。『続日本紀』にみえるその記事を引用してみよう。

左大臣正二位兼大宰帥藤原朝臣魚名、事に坐せられ大臣を免ず。其の男正四位下鷹取は石見介に左遷せられ、従五位下末茂は土佐介に、従五位下真鷲は父に従い並びに促して任に之かしむ。

魚名の男子は鷹取・鷲取・末茂・真鷲・藤成の五人で、そのうち鷹取（正四位下・中宮大夫・侍従・越前守）・末茂（従五位下・中衛少将）・真鷲（従五位下）の三人が父とともに配流されている。二男鷲取は宝亀十（七七九）年二月に従五位上で中務大輔兼上野守となるが、それ以後の消息が不明で、事件に絡んで没した（例えば自死した）可能性があり、五男藤成の動向も不明なので、魚名一家の罪が一体何であったのかは現在でもなお謎に包まれたままである。亀田隆之が北山茂夫の旧説を批判したように、同年閏正月に起きた氷上川継の謀反事件とは無関係であったとすると、魚名一家の罪とは何なのかがまるでわからないのである。中川収は天皇の造都計画と皇后乙牟漏擁立に関わって藤原種継による魚名追い落としの陰謀説を出しており、また亀田隆之は光仁天皇の服喪期間の問題で天皇と左大臣とが対立したとする考えであるが、事件の経過や内容をみるとこれまでのいずれの説も説得性に欠けるように思われる。

同年六月二十八日、魚名は摂津に至り病気のため別業に逗留したらしい。天皇は勅を発し、病が癒えた後に発進せよと命じている。ところが、延暦二（七八三）年五月十一日になると、病疾のため中路に滞留している魚名を京に帰還させ郷親に託せよとする勅命が出され、七月二十三日には石見介鷹取・土佐介末茂が入京を許されることとなるが、第宅に帰還した魚名は七月二十五日に急死する。薨伝によると天皇は詔を発し絁布米塩及び役夫等を賜わっており、三十日には罪責を帳消しにする次のような詔を出している。

詔して曰はく、庸を疇め功を叙るは、旧典に彰はれ、過を赦し罪を宥めるは、前経より著はる。故大宰帥正二位藤原朝臣魚名は、乃祖乃父、世茂功を著し、或は忠義を盡して君に事へ、或は風猷を宣べて以て時を伏す。言に此を念ひ、懐に忘ること無し。今故に贈るに本官を以てし、其の先功に酬ふ。宜しく去る延暦元年六月十四日に下す所の詔勅官符等の類は、悉く皆焼却すべし。

事件の全体的な経過をみてみると、桓武天皇は魚名とその子息らを心底から憎悪し処罰したのではないようである。正二位という位階を剥奪せず、左遷とはいえ大宰帥を続けさせており、むしろなぜか魚名の病気を気遣い還京の勅命まで出しており、死没後には左大臣解任と罪責を記した全文書の焼却さえ命じている。罪の中身を公表できない事情があったことがわかるが、その内容がまったく判明せず、現在でも魚名の「過」が何であったのかは解明されていないのである。しかし、筆者は一つの案として、藤原北家の代表格でもあり左大臣の座にあった魚名に対し、天皇が「蕃人共同体」の基軸となる構想の一環として従兄の和朝臣家麻呂の養子のことをもちだしたのであるが、魚名一家がこの提案を頑として受け容れなかったのではないかと想像し、違勅の罪に陥れられたのではないかと推測する。

というのは、『続日本紀』宝亀六（七七五）年五月十三日条に「野狐有りて、大納言藤原朝臣魚名の朝座に居たり」という奇怪な記事がみえ、これは続紀代表編者の藤原継縄が魚名左降事件の裏事情を謎めかした話の形で皮肉ったものと考えられるのである。狐はしばしば人間に変姿する動物として知られ、大納言の朝座に居たというのは野狐自身が大納言の地位を得たことのある人物になぞらえられている可能性が高い。そう考えられるとすると延暦二十三年四月に死没した和朝臣家麻呂が「従二位大納言」を追贈されたことが想起されてくるのであり、しかも誰あろう藤原魚名の朝座が野狐一件の舞台になったというのは、家麻呂と魚名との間に何らかののっぴきならない問題がもち上がったことを推想させるわけである。

魚名の長子鷹取は翌延暦三（七八四）年五月十日に左京大夫正四位下で死没しており、事件のストレスを原因とする早逝とみられ、さらに三男末茂は同年七月従五位下で伊予守に任じられるが、九月十二日に再び「事に坐せられ日向介に左降せらる」という事態に見舞われる。父と兄たちとを相次いで失ったことへのやりきれない憤懣が暴発した蓋然性が高いのではなかろうか。天皇は事を荒立てることを好まず、延暦七（七八八）年三月末茂を内匠頭に任じ、冒頭で引用した記事によれば延暦九（七九〇）年二月従五位上に昇叙し、三月には美濃守に転任しており、その後の消息は不明で、魚名家はある意味では降って沸い

●藤原藤継と小屎（数字は生没年）

藤原良継（七一六～七七七）──人数（～八〇九）
藤原魚名（七二一～七八三）──鷲取
人数・鷲取──藤継（七六三～八一七）
人数・鷲取──小屎
小屎・桓武天皇──萬多親王（七八八～八三〇）

た悲劇に見舞われたのである。父魚名とともに配流された四男真鷲については、早くも延暦四年七月大学頭に任じられ、伯耆守（同五年正月）・右少弁（同九年三月）・大宰少弐（同十年七月）と昇進するが、その後の動静はまったく不明である。五男の藤成は弘仁十三（八二二）年五月に死去するが、「口吃にして言語渋る。内外に歴任するも、可無く不可も無し」とあり、享年四七歳ということは父魚名が大納言であった宝亀七（七七六）年生まれという計算になり、事件が起きた年にはまだ七歳という幼少であった。

魚名の二男鷲取には藤継（七六三～八一七）がいたが、彼は延暦十二（七九三）年に常陸掾に任官し、その後次第に昇進して弘仁三（八一二）年正月参議となり、大宰大弐・右衛門督などを兼務して弘仁八（八一七）年三月に没する。『本朝皇胤紹運録』によれば藤継の生母は藤原良継の娘人数とされるが、同腹の妹に小屎がおり、桓武天皇の夫人として萬多親王（七八八～八三〇）をもうけている。小屎の入内は延暦五年から六年頃とみられるので、天皇は魚名家の罪を免じた後に新たな形の姻戚関係を形成することで事件の幕引きを図ろうとしたとみることができるのではないだろうか。

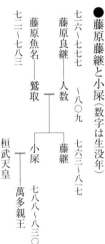

延暦四年に和気広世が同様の罪を得たのは、魚名家の問題にほぼけりがついたタイミングで同じ提案を和気家に対して天皇が執拗に繰り返したことのあらわれなのではないかと推測されるのである。清麻呂ではなくその子の広世に狙いを定めたのは、魚名家に対する失策の二の舞を踏まないためだとも考えられるのである。もし以上に述べたような憶測が的を射ているものとすると、桓武天皇の専制君主としての性格を雄弁に物語る事例とすることができるが、「蕃人共同体」の構想を何としてでも実現しようとする天皇の強烈な意欲の発露であったともいえるであろう。

さて、和朝臣家麻呂と同じように帰化系の人物で議政官になった例は他にもある。家麻呂が亡くなった翌延暦二十四（八〇五）年正月にまず菅野朝臣真道が、六月には坂上大宿祢田村麻呂が参議に任命されている。菅野真道についてはすでに第一章で詳しく述べたが、この両人は周知のごとく帰化系氏族の後裔で、ある意味では桓武天皇の側近に仕えた文官・武官を代表する官僚貴族であり、いずれかが欠けても天皇の政治は成り立たなかったほどの功績を残した人物らであった。嵯峨朝において田村麻呂は参議からさらに正三位で大納言・右近衛大将に昇進し、没後従二位を追贈されているが、この人事も天皇の優先的政治判断にもとづき議政官に任じられた例であるといえよう。

しかるに、天皇がまだ山部親王と称した若い時期、藤原仲麻呂（恵美押勝）が天平宝字年間を中心に独裁権力を振るっていた頃、仲麻呂の側近に高倉朝臣福信なる人物がいた。福信は武蔵国高麗郡出身で、高句麗人肖奈福徳という人物の孫に当たると伝え、叔父を肖奈行文と呼んだらしい。天平年間に都へ出てから聖武天皇の聴聞にとまり、召されてその身辺に豎子として近侍してから頭角をあらわし、称徳天皇の神護景雲元（七六七）年正月ついに従三位の位を授けられ、延暦八（七八九）年十月に散位従三位という位階、高倉朝臣福信という氏姓をもって亡くなった。

三位という位や高倉朝臣という姓氏はまさに彼が日本という国の高い地位にある貴族であることを示すものであるが、しかし福信はその政治的経歴を正当に評価された上で参議にすら任じられなかったのである。福信の姓氏は肖奈から肖奈王・高（巨萬）麗朝臣・高倉朝臣と変転したが、こうした福信の幾度かにわたる改姓の場合、高句麗系の渡来人の後裔であることを姓氏の上で脱しようとする意識・意欲が働いていることを読み取ることができるだろう。これは帰化系氏族がいくら高い位階を授けられたとしても、日本の朝廷では国政の審議に預かることのできない立場に置かれていたことを示す典型例である。

天平年間には、これも後に述べることになる百済王氏の人物で従三位にまでのぼりつめた人が二人いる。後に登場する百済王南典と敬福とである。とくに敬福の場合は有史以来なかった国内からの黄金の献上という慶事の立役者をもって、従五位上から一挙に従三位という破格の処遇を受けた。この前後の貴族官僚としての彼の経歴には何ら特別の事情も様相もうかがえないのであるが、やはり彼も最後まで参議には任じられていないのである。

みてきたように、桓武天皇の登場に至るまでは帰化氏族出身者で議政官になった人物は皆無なのである。それは和朝臣家麻呂の薨伝にもあったように、「蕃人」が「相府」に入ってはならないという不文律の存在によるものであるといえよう。桓武天皇はその不文律を大胆に否定した天皇であったと評価できるのである。なぜなら、天皇は実母が百済からの帰化氏族に出自する女性であったという事実だけではなく、先にも述べたように自己の遠い祖先が百済王室の始祖であるとする系譜意識をもっていたからである。天皇は自分の母系の出自を否認するとか無視するというような姑息な操作をせず、より積極的に外国の王室系譜に皇統譜を結びつけ、それを公然と宣言し国史に記載させたのである。その積極性が帰化系氏族出身者の廟堂への登用という動きにも結びついたといえるのである。和朝臣家麻呂の廟堂への登用が平安京遷都の後であったのは、家麻呂の官歴を天皇が考慮したためであり、その時点まで天皇に逡巡があったとみるのは当たらないであろう。

四　東文氏と西文氏

先ほど述べたように、桓武朝を支えた重臣の一人に坂上大宿祢田村麻呂がいる。田村麻呂は延暦十（七九一）年七月に征夷副使に起用され、同十三（七九四）年の征夷戦で蝦夷を制圧し、十六（七九七）年には征夷大将軍に任じられ、延暦二十一（八〇二）年に蝦夷の首魁とされた阿弖流為・母礼らを降伏させ、胆沢城・志波城などの城柵を造営して天皇の征夷策を成功裏に導いた武官として著名であり、先記したように延暦二十四（八〇五）年六月、田村麻呂は「蕃人」として参議に就任し、嵯峨朝の弘仁二（八一一）年五月に正三位大納言で没した。

田村麻呂の武芸は祖父犬養・父苅田麻呂の薫陶によって培われたものと考えられ、桓武天皇は称徳・光仁朝における苅田麻呂の功績を勘案した上で重用し、延暦三（七八四）年五月の乙訓郡長岡村の視察団に右衛士督苅田麻呂を加えて護衛の任をまっとうさせ、同五（七八六）年正月七日条の薨伝には、「苅田麻呂の家世弓馬を事とし、馳射を善くす。宮掖に宿衛し、数朝に歴事ふ。天皇の寵遇優厚にして、別に封五十戸を賜ふ」と記す。さらに天皇は皇太子の時期に苅田麻呂の娘又子を妃に迎えて高津内親王をもうけ、さらに田村麻呂の娘春子との間にも葛井親王・春日内親王をもうけている。このように桓武天皇の侍臣となった坂上氏は、天皇が構想する「蕃人共同体」の有力な支持勢力であったとみられる。

坂上氏は東（倭）漢氏の一支族である。東漢氏は指導的・支配的な多数の氏集団が飛鳥の桧隈に居を構えていたが、これを桧隈忌寸と総称していた。これらの氏族は概ねフラットな関係性を保持していたが、律令制の影響により一、二の氏族が官位において他の氏族に優越する立場を確保するようになる。坂上氏は天武朝の八色の賜姓で直姓から忌寸を得、恵美押勝の乱の功績によって天平宝字八（七六四）年に苅田麻呂が大忌寸に改められ、延暦四（七八四）年大宿祢となった。『続日本紀』延暦四年六月十日条には苅田麻呂の上表文が掲載されているので引用してみよう。

右衛士督従三位兼下総守坂上大忌寸苅田麻呂等表を上りて言す。臣等は本是れ後漢の霊帝の曽孫阿智王の後なり。漢の祚魏に遷り、阿智王は神牛の教えに因りて出でて帯方に行き、忽ちに宝帯の瑞を得たり。其の像は宮城に似たり。爰に国邑を建て、其の人庶を育む。後に父兄を召して告げて曰く、吾聞く、東国に聖主有りと、何ぞ帰従せざらむや。若し久しく此の處に居せば、恐らくは覆滅を取らむ、と。即ち母弟迁興徳、及び七姓の民を携え、化に帰し来朝せり。是れ則ち誉田天皇天下を治らす御世なり。是に於いて阿智王奏し請ひて曰はく、臣が旧居は帯方に有りて、人民男女皆才芸有り。近ごろは百済高麗の間に寓し、心に猶予を懐き、未だ去就を知らず。伏して願はくは天恩、使を遣して追ひ召したまへ、と。乃ち勅して臣が八腹の氏を遣し、頭を分け発遣せしむ。其の人民男女、落を挙げて使に随ひて盡く来て、永く公民と為り、年を積み代を累ねて、以て今に至れり。今、諸国に在る漢人は亦是れ其の後なり。臣苅田麻呂等、先祖の王族を失ひ、下人の卑しき姓を蒙れり。望み請ふらくは、忌寸を改めて宿祢姓を蒙り賜むことを。伏して願はくは天恩矜察し、儻ま聖聴を垂れたまはば、所謂寒灰更に暖かに、枯樹復た栄えるならん。臣苅田麻呂等、至望の誠に勝へず、輙ち表を奉り以て聞す、と。詔してこれを許す。坂上・内蔵・平田・大蔵・文・調・文部・谷・佐太・山口等の忌寸十一姓、十六人に姓宿祢を賜ふ。

右の上表文も、先に問題とした菅野真道の上表文と同類の主旨になっていることがわかる。苅田麻呂は忌寸の姓は「先祖の王族を失ひ、下人の卑しき姓」であるといい、宿祢姓に改めることを天皇に申請し、同族十一氏とともに宿祢姓が授与され、なかでも坂上氏は特別に大宿祢の姓を得たのである。大宿祢は他の同族の宿祢姓の諸氏族を代表し統率する政治的立場に位置づけられたことを意味するもので、天皇の意思や命令が坂上氏を通じて広範囲な同族全体に浸透することを狙ったものといえるが、同族同士の競争意識を助長しようとする天皇の思惑もあったと考えられる。

苅田麻呂が「先祖の王族を失ひ」という根拠が、上表文の冒頭に出る「臣等は本是れ後漢の霊帝の曽孫阿智王の後なり」という主張と対比されている。すなわち坂上氏ら「漢人」の先祖は後漢王朝の霊帝の曽孫である阿智王とされ、後漢が滅亡し魏の時代に阿智王が朝鮮半島の帯方郡に移住し、そこで宝帯の瑞を得、国邑を建設して人庶を育成したというのである。その後王は東方に聖主がいることを聞き七姓の民を率いて応神天皇の御世に来朝帰化したが、旧居帯方にはなお才芸ある人民男女が残存しているので、八腹の氏を使として派遣しそれらの人々を根こそぎ来帰させ公民としたと記している。

ところで、右の苅田麻呂の主張には巧妙なすり替えがあるのに気づく。阿智王なる人物の由来について『古事記』応神段に出る伝記を引用すると、

亦百済の国主照古王、牡馬壹疋、牝馬壹疋を阿知吉師に付けて貢上りき。此の阿知吉師は阿直史等の祖。亦横刀及大鏡を貢上りき。又百済国に、「若し賢しき人有らば貢上れ」と科せ賜ひき。故、命を受けて貢上れる人、名は和邇吉師。即ち論語十巻、千字文一巻を是の人に付けて即ち貢進りき。此の和爾吉師は文首等の祖。

応神朝に渡来したのは阿知吉師という人で、百済の照古王（近肖古王）が阿知吉師に馬を授けて貢進したとする。さらに註記では阿知吉師は阿直史等の先祖だと記している。阿知（アチ）というのは人名で上表文の阿智に対応する。吉師（キシ）は朝鮮半島で盛行した首長層の称号または尊称の類で、阿知は百済王に仕えた廷臣であったかのように記されており、王命を受けて倭国に派遣された人であったとしている。ただし、いうまでもなくそうした言説は虚偽の可能性が強く、阿知の真実の出身地は百済ではなく半島南部の安邪（安羅）とみることもできるが、今は『古事記』の記述にもとづいて論議を進めることにしたい。

さて、阿直史は倭国に渡来し王権への奉仕関係が成立した時点で授けられた氏姓で、阿知が百済王族に出自する者であるとか、ましてや帯方郡に居住していた漢人であるというようなことはどこにも書かれて

おらず、さらに後漢皇帝の曽孫などという主張は捏造以外の何ものでもない。それゆえ上表文に「阿智王の後なり」と記すのは自分たちの先祖を飾り立てるための苅田麻呂の手になる造作であると判断できる。菅野真道の祖先系譜を論じたところでも引用した史料であるが、『日本書紀』応神十五年八月条・十六年二月両条をここで再度取り上げてみたい。

・百済の王、阿直伎を遣して、良馬二匹を貢る。即ち軽の坂上の廐に養はしむ。因りて阿直岐を以て掌り飼はしむ。故、其の馬養ひし処を号けて、廐坂と曰ふ。阿直岐、亦能く経典を読めり。即ち太子菟道稚郎子、師としたまふ。是に、天皇、阿直岐に問ひて曰はく、「如し汝に勝れる博士、亦有りや」とのたまふ。対へて曰さく、「王仁といふ者有り。是秀れたり」とまうす。時に上毛野君の祖、荒田別・巫別を百済に遣して、仍りて王仁を徴さしむ。其れ阿直岐は、阿直岐史の始祖なり。

・王仁来り。則ち太子菟道稚郎子、師としたまふ。諸の典籍を王仁に習ひたまふ。通り達らずといふこと莫し。所謂王仁は、是書首等の始祖なり。

書紀においては阿直ではなく阿直（伎）岐を来帰した人物の名とみなしているようである。阿直岐は百済王の命を受けて倭国にやって来た王の廷臣であるとする点は応神記と一緒である。すなわち阿直岐は百済人であったとみるべきで、「漢人」ではないであろうし、ましてや阿直岐には王号がないので王族というような尊貴な身分の人でもなく、阿直岐史という氏姓が授けられたのも彼の本来の素性を物語っているといわねばならない。阿直岐は馬の飼養に精通し、「能く経典を読む」学識者であったので、太子の師に選ばれたという。百済の先進文化が五世紀の倭国に伝来した経緯が象徴的に記された文章とみなすべきであるが、苅田麻呂の奏言では中国皇帝の後裔たる「阿智王」が帯方郡に植民の国邑を形成し、その後阿智王自身が東方の聖主の存在を知ってまず倭国に来帰し、さらにその後支配下にあった人民男女を根こそぎ日本に渡来させ公民となったと説明している。だが、そこでは百済王と倭国との交渉のことがすべて消去されていることがわかる。朝鮮半島は阿智王が倭国に来帰するための一時的待避場所・通過地点として描かれているに過ぎないのである。

おそらく桓武天皇は苅田麻呂のいい分には虚偽があることを認識していたであろう。「蕃人」の系譜問題に神経を尖らしていた天皇は東漢氏の由来や渡来事情などのことをそれなりに理解していた蓋然性が高い。だが、真相がどうであれ天皇はこの上表文の記載事項をすべて承認し、坂上氏に代表される東漢氏が「漢人」であること、すなわち中国古代皇帝の後裔であることを公式に認めたのである。さればなぜ坂上氏ひいては東漢氏という大集団が百済系の帰化氏族ではないという主張を天皇は公許したのであろうか。その意図は「漢人」＝中国から渡来した帰化人らが日本天皇に服従し仕えている現実を広く公示することであったと考えられる。百済系「蕃人」だけではなく、帰化唐人が桓武天皇の朝廷に廷臣として服属・奉仕しているという事実や具体的な姿が何よりも重要なのであった。

ところで、冒頭に引用した延暦九年二月二十七日条の記事をみてみると、そこに従五位上羽栗臣翼（七一九～七九八）が正五位下に叙されていることを確認することができるであろう。羽栗臣は山背国久世郡羽栗郷を本貫とした地方豪族で、ワニ氏系の春日氏や粟田・小野氏らと同族であった。『新撰姓氏録』山城国皇別・葉栗の項には「小野と同じき祖、彦国葺命の後なり」とあって、ワニ氏の後裔氏族であることが

表7　帰化唐人の付貫と賜氏姓（光仁朝～桓武朝）

年月日	事　項
宝亀1/12/28	従五位上皇甫東朝為越中介。
宝亀2/11/25	従五位上李忌寸元環授正五位下。
宝亀9/2/23	従五位上袁晋卿為玄蕃頭。
宝亀9/12/18	玄蕃頭従五位上袁晋卿賜姓清村宿祢。晋卿唐人也。天平七年随我朝使帰朝。時年十八九。学得文選爾雅音、為大学音博士。於後歴大学頭、安房守。
宝亀11/11/26	唐人正六位上沈惟岳授従五位下。
宝亀11/12/4	唐人従五位下沈惟岳賜姓清海宿祢編付左京。
延暦3/6/2	唐人賜禄晏子欽・賜緑徐公卿等賜姓栄山忌寸。
延暦3/6/14	唐人正六位上孟恵芝、正六位上張道光等、賜姓嵩山忌寸。正六位下吾税児賜永国忌寸。
延暦5/4/16	左京人正七位下維敬宗等賜姓長井忌寸。
延暦5/8/22	唐人盧如津賜姓清川忌寸。
延暦6/4/1	唐人王維倩・朱政等賜姓栄山忌寸。
延暦7/5/10	唐人馬清朝賜姓新長忌寸。

わかる。翼自身は長岡京の所在地である山背国乙訓郡に居住していたらしいが、翼がこの日の叙位に預かったのはその特異な出自や学才が天皇から注目されていたからであると考えられる。

すなわち、『類聚国史』に載せる羽栗翼の卒伝によると、翼の父羽栗吉麻呂は遣唐大使阿倍仲麻呂の傔人として唐に渡り、現地の中国人女性と結婚して翼・翔の兄弟をもうけたという。兄弟ともに天平六（七三四）年に帰国するが、翼は出家

延暦8/3/19	従五位下清海宿祢惟岳為美作権掾。
延暦11/5/10	唐女李自然授従五位下。自然従五位下大春日浄足之妻也。浄足入唐娶自然為妻。帰朝之日、相随而来。
延暦14/7/16	唐人等五人授官。以優遠蕃人也。
延暦15/3/9	唐人賜姓。
延暦16/1/11	正六位上嵩山忌寸道光授外従五位下。
延暦17/6/20	勅。唐人外従五位下嵩山忌寸道光・大炊権大属正六位上清川忌寸斯麻呂・鼓吹権大令史正六位上清根忌寸松山・官奴権令史正六位上栄山忌寸諸依・造兵権大令史正六位上栄山忌寸千島等、遠辞本蕃、帰投国家。雖預品秩、家猶□乏。宜特優恤、随便賜稲。
延暦18/1/29	唐人大学権大属正六位上李法琬・大炊権大属正六位上清川忌寸斯麻呂・造兵権大令史正六位上栄山忌寸千島・官奴令史正六位上栄山忌寸諸依・鼓吹権大令史正六位上清根忌寸松山等給月俸。愍其羇旅也。
延暦24/11/2	授唐人正六位上清河忌寸斯麻呂外従五位下。
延暦24/11/19	左京人正七位下浄村宿祢源言、父賜緑袁常照、以去天平宝字四年奉使入朝。幸沐恩渥、遂為皇民。其後不幸、永背聖世、源等早為孤露、无復所恃。外祖父故従五位上浄村宿祢晋卿養而為子、

するも学業に優れていることから還俗させられ官吏となり、光仁天皇に仕え宝亀八（七七七）年に再び入唐し、帰国後の桓武朝には内薬正兼侍医の職に就き（延暦五年七月）、延暦十七（七九八）年五月に正五位下の位階で没した。こうした伝記によると翼の生母は唐人で、少年時代に長らく唐都長安で暮らしたので彼の地の事情に明るく、中国語に堪能であったほか暦術や医薬を中心とする学業にも優れていたので、桓武天皇は常時彼を身辺に侍候させた

依去延暦十八年三月二十二日格、首露已訖。儻有天恩、无追位記、自天祐之、欣幸何言。但賜姓正物、国之徽章。伏請改姓名、為春科宿祢道直。許之。

『新撰姓氏録』左京諸蕃上

氏姓	出自記載
浄村宿祢	出自陳袁濤塗也。
清宗宿祢	唐人正五位下李元環之後也。
清海宿祢	出自唐人従五位下沈惟岳也。
嵩山忌寸	唐人外従五位下船典賜緑。張道光入朝焉。沈惟岳同時也。
栄山忌寸	唐人正六位上本国岳賜緑。晏子欽入朝焉。沈惟岳同時也。
長国忌寸	唐人正六位上本押官賜緑。吾税児入朝焉。沈惟岳同時也。
栄山忌寸	唐人正六位上本判官賜緑。徐公卿入朝焉。沈惟岳同時也。
嵩山忌寸	唐人正六位上本丑倉賜緑。孟恵芝入朝焉。沈惟岳同時也。
清川忌寸	唐人正六位上本賜緑。盧如津入朝焉。沈惟岳同時也。
清海忌寸	唐人正六位上本賜緑。沈庭勗入朝焉。沈惟岳同時也。
新長忌寸	唐人正六位上馬清朝之後也。

のであろう。

翼が右の職務以外に在京唐人らとどのような関係を結んだのかは不明であるが、桓武朝には表示したように帰化唐人に氏姓を授け官位を与えて優遇する政策が盛んに行われたことがわかり、さらに『新撰姓氏録』に登載されている漢＝帰化唐人の氏族名を調べてみると、いずれも桓武朝に賜氏姓・官位を得た人々をほぼ網羅していることがわかる。『日本紀略』に記載する延暦十一（七九二）年五月十日の記事は、大春日浄足の中国人妻・李自然に関するものであるが、浄足はおそらく羽栗翼とは同族であり、両者の家族の間に親密な交流があったことを推測できるし、天皇も帰化唐人政策について翼の助言や活動に負うところが大きかったのではあるまいか。

また、同じく『日本紀略』延暦十四年七月十六日条の記事には、「唐人ら五人に官を授く。以て遠蕃人を優すとなり」とあり、また延暦十七年六月二十日条にも、「勅すらく、唐人十人は遠く本蕃を辞し、国家に帰投す。宜しく特に優恤し、便に随ひて稲を賜ふ」とあるが、白村江の戦い以後日本に帰化した捕虜の唐人や、奈良時代に入り遣唐使の派遣による日唐の交流にもとづいて渡来した唐人が、帰化後に官位・氏姓を授けられる例がみられるようになる。袁晋卿などはその好例で、晋卿は天平七（七三五）年に帰朝した遣唐使に滞同して来日し、天平神護二（七六六）年の舎利会に唐楽を奏して従五位下の位階を賜った。同三年の釈奠に音博士として出席し、従五位上に昇叙され、日向守・大学頭にも任ぜられたようである。宝亀九（七七八）年二月には玄蕃頭となり、その年十二月に清村宿祢の姓を賜り、延暦四（七八五）年正月安房守に就任した。

紀略の記事には晋卿のような唐人に対する優遇策が記されているが、唐人を「遠蕃人」と称し「遠く本蕃を辞す」と記しているのは、遣唐使を派遣して唐への朝貢の礼を行っている日本ではあるが、唐帝国の「不臣の客」として冊封関係からは自由な立場にあったこと、八世紀後半期に唐帝国が安史の乱をはじめ各地の節度使・藩鎮及び農民の反乱などで混乱し衰亡しつつある現状を日本朝廷が把握していたことにより、「蕃国」の観念が中国に対しても向けられるようになったことと無関係ではないと考えられる。宝亀九（七七八）年に入朝した唐使節の迎接は「蕃例」に従って行うという方針がとられた。また延喜式大蔵省・蕃使の項には「入諸蕃使」として入唐大使・入渤海使・入新羅使を、同じく「賜蕃客例」の項にも、大唐皇・

渤海王・新羅王の順に記載があり、律令法では唐を「隣国」として規定しながらも格・式の規定では「諸蕃」の概念に組み込んでいることがわかる。「隣国」は法制用語としてはかなり不適切な性格を帯びる語で、平安時代には文字通りに新羅を指す語として使用されるようになることを想起しなければならない。

早く天平宝字二（七五八）年六月に、大和国葛上郡の桑原史年足の同族男女九十六人と、近江国神埼郡居住の桑原史人勝の同族男女一一五五人が、「今、年足・人勝らが先祖、後漢の苗裔鄧（劉カ）言興并びに帝利ら、難波高津宮御宇天皇の世に、高麗より転りて、聖境に帰化けり」と称し、桑原直の姓を賜ったが、元来は高句麗系の帰化集団であったものがすでにその先祖を後漢皇帝の後裔であることを主張しはじめていることがわかり、そのような思潮の変化に対応するように、坂上氏が中国古代の皇帝の後裔であるという主張を公然と行ったと考えられるのである。弘仁五（八一四）年六月に完成した『新撰姓氏録』によると、右京諸蕃に記載のみえる坂上大宿祢は「後漢の霊帝の男延王の後なり」と記し、阿智王の系譜や事績に言及しないだけでなく、延王の子孫だという新たな記述が登場していることがわかる。東漢氏はこのようにして中国王朝の皇帝の子孫に変身するチャンスを掴んだのであり、その動きを後押ししたのが桓武天皇の国家構想であったといわねばならない。

ところで、右に引用した『古事記』『日本書紀』の伝記には渡来人王仁にまつわる記述が連続している。阿知の渡来後、天皇の要請によりさらに秀れた学者の来朝が求められたと記されている。百済王への天皇の要請に応じたのが王仁であった。応神記には「和爾吉師は文首等の祖」とある。王仁も阿知と同じように吉師（キシ）の称号をもっているから、朝鮮からの渡来人であったとみてよい。ところが、東文氏に対比された西文氏も桓武朝にそれまでの氏族伝承を大幅に書き換える動きを示すことになる。『続日本紀』延暦十（七九一）年四月八日条を次に引用しておく。

左大史正六位上文忌寸最弟、播磨少目正八位上武生連真象等言す、文忌寸等は元二つの家有り。東文は直を称し、西文は首と号し、相比びて事を行ふこと其の来れること遠し。今東文は家を挙りて既に宿祢に登り、西文は恩に漏れて猶忌寸に沈めり。最弟等幸ひに明時に逢ひて、曲らかに察することを蒙らずんば、歴代の後理を申すとも由無からむ。伏して望むらくは、同じく栄号を賜って、永く孫謀を貽さんと。勅有りて其の本系を責む。最弟等言すに、漢の高帝の後を鸞と曰ひ、鸞の後、王狗転じて百済に至れり。百済の久素王の時、聖朝使を遣して文人を徴し召す。久素王は即ち狗が孫王仁を貢ぐ。是れ文・武生等の祖なりと言へり。是に於いて、最弟及び真象等八人に姓を宿祢と賜ふ。

文忌寸には東西二つの系統の帰化氏族があり、最弟・真象らが属する諸氏族はもともと首姓を帯びる家であると称している。しかも直姓を帯びた東文氏はすでに宿祢姓を得ており、西文氏は今でもなお忌寸姓のままである。東文（東漢）氏が宿祢姓を得たからには、「相比びて事を行ふこと其の来れること遠い」西文（西漢）氏にも同じく宿祢姓を下賜されたいと請願したのである。彼らは坂上氏の上表文に倣って本系を後漢の高皇帝の後裔鸞に擬し、鸞の子孫王狗が百済に至り、久素（貴須）王の時狗の孫であった王仁を倭国に貢進したとする。

東文氏とは異なり、西文氏は百済王の介入を経たという形で倭国への王仁の来朝を描いている。伝承の筋書きは少し異質なものになっているが、「漢人」＝「遠蕃人」に由来する帰化氏族がやはり日本の天皇の下に仕えるようになった由緒は同じだとしていることがわかる。『古事記』『日本書紀』に記載された公式の伝記に巧妙な潤色と書き換えを施し、桓武天皇の国家構想に適合しようとする新たな帰化伝承が形成されつつあったことがここで明確に理解されるであろう。

最後に本章の簡単なまとめをしておきたい。

桓武天皇は即位直後から自己の周辺に近侍する帰化系の人物やそれと姻戚関係にある主要な人物らに狙いを定め、彼らを積極的に登用して治世の実を挙げようとした。北家藤原内麻呂の妻百済永継を入内させた事例や、天皇の従弟和家麻呂を和気清麻呂の長子広世の養子とした事例などは、天皇の専制権力が露呈したきわめて強引な行為であって、左大臣藤原魚名の一家が罪を得た謎の事件は、天皇の「蕃人共同体」構想に魚名家が頑強に抵抗したことが原因となったであろうと推測された。このように失策した事例もあったが、藤原種継・藤原継縄・藤原小黒麻呂・藤原内麻呂・和家麻呂ら議政官に任用した貴族や、菅野真道・秋篠安人・坂上苅田麻呂・坂上田村麻呂・和気清麻呂らのような帰化系・地方豪族出身の有能な人物、さらには百済王明信・和気広虫のような宮人を通じ、彼らの背後に控える家族・姻戚・同族関係を最大限に活用しつつ政策課題を解決していこうとしたのが、桓武朝の特色の一つであると考えることができる。

これまで天皇の治績は遷都と征夷という二つの大業に集約されるとみなされてきたが、今これらを歴史の表舞台に現れた政策課題と捉えるとすると、天皇にはもう一つの重要な政治課題が存在したということができるのではなかろうか。筆者はそれを「蕃人共同体」構想という概念であらわしたが、政権基盤のミウチ的組織化という表現でもよいだろうと思う。遷都と征夷を通じて創出を目指す新しい帝国国家の体制を構築するための政権基盤の確立が、蕃人の子として生を享けた桓武天皇の「蕃人共同体」構想につながる具体的な政策課題となったと考えるのである。有能な人材をどこからどのように集めるのかが問われるとすると、桓武天皇の場合は歴代の君主が過去に踏襲してきたやり方とはかなり異なる独自の手法をとったといえるであろう。

蕃人としての出自を有する天皇は自己のその立場を能動的に捉え、同じく帰化系の有力氏族や蕃人の系譜と縁戚につらなる貴族・豪族・官人らを個別に重用し、いわば網の目のように張りめぐらされた縁戚・系譜関係を活用して律令国家体制の中心軸に君臨する自己を位置づけた。延暦九年二月に宣言された「百済王等は朕が外戚なり」という詔文は、単に百済王氏を天皇の血縁的なミウチとして重視するのだと言明した狭い性質のものではなく、天皇と百済王氏に象徴される君臣・血縁関係は蕃人を含む諸氏族にも共通に適用されるのだとする政治的プロパガンダであったとも評することができるであろう。

もともと百済系の帰化氏族であったと考えられる東漢氏や、新羅系の秦氏などが中国古代皇帝の系譜的子孫だと主張するようになったのは、大唐帝国の政権基盤が弱体化し政治的混乱が起きていたことのみならず、桓武天皇の新帝国国家が朝鮮諸国のみならず唐をも視野に収めた帝国像に変容する重要な契機とみなされたからであろう。大唐は「隣国」だとする律令法の規定が見直され変質する端緒が開かれたのであり、やがて唐帝国との外交関係を自ら閉ざす遣唐使派遣の停止（八九四年）が、むしろ反対に天皇を冠とする日本帝国国家像の膨張と排外意識の拡大化・深化を進めることになるのである。

第四章　百済王氏と桓武天皇

一　百済王氏の由来

『続日本紀』の天平神護二（七六六）年六月二十八日条に百済王敬福の薨伝が載せられている。敬福は聖武天皇が造営した東大寺盧舎那大仏の塗金九百両を陸奥国から献上した人物として著名であるが、その件はここでは直接関係ないので措いておこう。薨伝によると、敬福は百済王良虞の第三子で昌成の孫と記されている。そしてこの昌成なる人物は「幼年父に随いて帰朝し、父に先だちて卒ぬ」とあり、昌成の父の時代に日本に帰化したことが明記されているのである。その昌成の父とされる人物こそが禅広（善光）である。薨伝の関係箇所を次に引用してみる。

刑部卿従三位百済王敬福薨ず。其の先は百済国の義慈王より出ず。高市岡本宮に馭宇しめす天皇の御世、義慈王、其の子豊璋王及び禅広王を遣して入侍せしむ。後岡本朝廷に及りて、義慈王の兵敗れて唐に降る。其の臣佐平福信よく社稷を復し、絶へたる統を紹ぎ興す。豊璋基を纂ぐの後、譖を以て福信を横殺す。唐兵これを聞きて復た州柔を攻む。豊璋と我が救兵とこれを拒むも、救軍利あらず、豊璋は船に駕して高麗に遁る。禅広は因って国に帰らず。藤原朝廷、号を賜ひて百済王と曰ふ。卒ぬに正広参を贈る。

右の文に出てくる義慈王というのは百済国の最後の王であり、六六〇年（斉明天皇六年）唐・新羅連合軍の総攻撃を受けて首都泗沘城が陥落し、王とその子息たちは唐軍に捕縛され長安に連行されてしまい、国主を失った百済国は事実上滅亡する。ところがその大事件の少し前、義慈王の数多くの子息のうち、豊璋・禅広両王子が百済の外交戦略の一環として倭国に派遣されてきたという事実があるのである。その時期を右の薨伝は高市岡本宮天皇（舒明）の時としているが、書紀によれば舒明三（六三一）年三月朔条に「百済王義慈、王子豊璋を入れて質と為す」とあり、薨伝のいうところはこの書紀記事にもとづいて作文されたものと考えられる。

ところが、同じ書紀には皇極元（六四二）年に百済から来朝した翹岐という名の人物の事績を幾つか記載している。今それらの記事を列挙する余裕がないのでやめておくが、その翹岐こそが豊璋の別名であったとする西本昌弘の研究成果があり、実のところ翹岐＝豊璋は皇極天皇の元年または二年に百済国からやってきたと推定され、皇極二（六四三）年の来朝を考えるのが穏当のようにも思われる。書紀の皇極二年四月二十一日条には次のような短い文章があるので、参考のために引用しておく。

筑紫の大宰、馳駅して奏して曰さく、「百済国の主の児、翹岐・弟王子、調の使いと共に来り」とます。

この文章にみえる翹岐を豊璋と解することができれば、翹岐と共に来朝した「弟王子」を同じく書紀に記載のみえる塞上＝塞城なる人物に比定できるであろう。この塞上（塞城）は本国で父親の義慈王に厭われた人のようであり、書紀の皇極元年二月条によると、百済王は倭国に進めた塞上のことを心配して、「塞上恆に作悪す。還使に付けたまはむと請すとも、天朝許したまはじ」といったとあり、帰国を促そうとしていたようである。記載されていることが事実かどうかは保障の限りではないが、筆者はこの塞上＝塞城がすなわち禅広に当たる人物ではなかったかと憶測している。書紀の斉明六年十月条に引く或本には、「天皇、豊璋を立てて王と為し、塞上を立てて輔と為し、礼を以て発て遣はす」とあり、塞上も本国へ帰ったように書いてあるが、別の伝では「王子豊璋及び妻子と、其の叔父忠勝等とを送る」ともあり、さらに書紀本文でも塞上の帰国のことには一切言及していないのである。よって実際に帰国したのは豊璋だけで、塞上は倭国に滞留したのではなかろうか。豊璋の弟が帰国していたならば書紀のみならず『三国史記』や唐書などにその消息が記されていてもおかしくないが、記録がまったくみえないことはむしろ塞上が帰国しなかったことを示唆するものといえよう。

塞上すなわち禅広は天智三（六六四）年三月、「百済王善光王らを以て、難波に居さしむ」とあり、天智天皇は異国の地に生き残った百済王の後裔を難波に居住させることを決定したのである。文字は違うが禅広＝善光で同一人であり、これから以後はすべて善光で記すことにしたい。天智三年には本国に帰還した豊璋は行方知れずとなっており、百済王室の命脈は倭国において細々と維持される状況となっていた。善光は持統七（六九三）年正月に朝廷より賻物を贈られているから、この直前の時期に死没したと考えられるが、彼には来朝以前に昌成という子がすでにあった。その昌成は書紀に天武三（六七四）年正月に亡くなり小紫位を贈られたとあるので、敬福の薨伝に記すように父親より二〇年も早く他界したことは事実であった。昌成の子が良（郎）虞であり、孫が敬福という関係になる。

豊璋と善光の兄弟が倭国に派遣されてきた皇極二（六四三）年という年は、唐帝国と高句麗国との対立関係が頂点に達していた時である。この前年には高句麗の宮廷を揺るがす大規模なクーデター事件が勃発し、大臣泉蓋蘇文が栄留王を殺害して傀儡の宝臧王を立て、自ら実権を掌握するという挙に出た。この内乱の情報は翌年六月飛鳥の宮廷にも伝えられていたが、唐皇帝は臣下が恣意に国王の廃立を行ったことを強更に責め、蘇文に謝罪を要求したが高句麗はこれを拒絶したのである。そのため中国の冊封下にあった諸蕃国の内乱を鎮めるのが皇帝の重要な役割の一つとされていたこともあり、唐は高句麗遠征を敢行するための準備に入ったのである。

百済の義慈王が王子を倭国に派遣してきた時期はこのようにまさしく朝鮮半島が軍事的緊張に包まれていた時であり、百済はこの動乱を利用して東の隣国新羅を攻撃する目論見を懐いていたから、倭国とも同盟関係を強化し、必要とあらば軍事援助を申し出るための布石を打っておくことが重要になっていた。皇極二年四月の百済調使と王子らの来朝は、そのような百済義慈王の国際的外交戦略を背景として実行されたことであったのである。事実、唐は六四五（大化元）年正月を期して遼東方面に大軍を動かし、第一次高句麗遠征を敢行したが失敗し、その後六四七年・八年のうち続く戦役も成功せず、朝鮮半島に緊張を残したまましばしの休戦状態に入った。

右に引用した敬福の薨伝には百済国滅亡のことが同時にきわめて簡潔に記されている。後岡本朝廷とは斉明天皇のことである。斉明四（六五八）年に唐はまたまた高句麗遠征を開始したが、それが不調に終わると、争乱のどさくさに紛れて新羅を攻撃し唐の出兵指示に背いた百済を先に滅亡させるという戦略に方針転換を図ったのである。六六〇（斉明六）年、唐帝国と新羅武烈王の大軍は海陸両道から挟み撃ちの形で百済の首都泗沘城を攻め、先ほど述べたようについに百済国はその長い歴史を閉じる。ところが、百済の遺民らは国内に散在する各地の諸城に立て籠って頑強に抵抗し、佐平鬼室福信・僧道琛らを中心として国の復興をめざしゲリラ戦を展開しはじめる。彼らは倭国に義慈王の王子が派遣されていたことを知っているので、これを迎えて百済国の再建・復興を目論んだのである。

書紀の関連記事を調べてみると、斉明六（六六〇）年十月、「百済の佐平福信、佐平貴智らを遣し、来たりて唐の俘一百余人を献る。……又師を乞ひて救いを請ひ、并せて王子余豊璋を乞ひて曰さく、『……方今謹み願ふは、百済国の天朝に遣し侍る王子豊璋を迎へ、まさに国主と為さむ』と、云々」とあり、さらに翌斉明七（六六一）年四月条にも、「百済の福信、使いを遣して表を上り、其の王子糺解を迎へむと乞ふ」との記事がみえる。その分註には、釈道顕の『日本世記』の記事をも引き、「百済の福信書を献り、其の君糺解を東朝に祈る」ともある。将軍福信は最後のよりどころとなるであろう豊璋（糺解）の帰国を朝廷に要請してきたのである。これらの史料によると福信らは「王子豊璋」「王子糺解」「君糺解」の帰国を請願したと記しており、豊璋の帰国後に自らの手で即位させ国王に推戴しようと計画していたことがわかる。

斉明天皇の朝廷は急遽百済救援軍の派遣と豊璋の帰国を決定する。この決断は唐・新羅の同盟に対して倭国が高句麗・百済両国との三国同盟を選択し、やがて倭国が百済・高句麗両国に対し帝国の地位に立とうとする戦略を目論んだことを意味するであろう。書紀の天智元年三月是月条には、「唐人、新羅人、高麗を伐ちき。高麗、救を国家に乞へり。仍りて軍将を遣して、疏留城に據らしむ。是に由りて、唐人、其の南の堺を略むること得ず。新羅、其の西の塁を輸すこと獲ず」とあり、四月条には、「釈道顕占ひて曰はく、『北国の人、南国に付かむとす。蓋し高麗破れて、日本に属かむか』といふ」と、一見すると不可解な記事が掲載されているが、百済救援軍の派遣で倭は百済のみならず高句麗をも従属下に置こうとする意図をもっていたことを物語る。

老体の女帝は斉明六（六六〇）年十二月飛鳥を発って難波宮に遷移し、翌七（六六一）年三月には筑紫娜大津（博多港）の磐瀬行宮（長津宮）に到着、その五月には内陸部の福岡県朝倉郡朝倉町付近に朝倉橘廣庭宮を造営してここに滞在した。ところがその直後頃から近侍する人々の間に流行病が発生し、天皇自身も七月に病没してしまう。随従していた中大兄皇子は母天皇の喪儀と並行しながら、称制（即位せず臨時に王政を執行すること）の地位にあって長津宮において「水表の軍政」を指揮した。八月には第一次派遣軍が渡海し、九月に入ると長津宮において豊璋渡海の準備が行われたのである。

皇太子、長津宮に御す。織冠を以て、百済の王子豊璋に授けたまふ。復多臣蒋敷の妹を妻す。乃ち大山下狭井連檳榔・小山下秦造田来津を遣して、軍五千余を率て、本郷に衛り送らしむ。是に、豊璋が国に入る時に、福信迎へ来、稽首みて国朝の政を奉て、皆悉に委ねたてまつる。

（『日本書紀』天智即位前紀九月条）

いよいよ豊璋が筑紫から本国に帰還することとなった。その時中大兄皇子は王子豊璋に織冠を授けたとする。織冠は孝徳朝大化五（六四九）年二月制定の冠位十九階の最高位に相当する。この冠位を実際に賜った人物はこれ以前にはなく、以後としても中臣鎌足の例があるのみで、私見では鎌足の大織冠の場合は書紀編者、とりわけ鎌足の子藤原不比等の手になる虚構・潤色の可能性が強く、織冠はむしろ大王（天皇）位の臣下からの隔絶性をより一層際立たせるために設置されたもので、臣下への授与は元来想定されていなかった冠位といえよう。その冠位を豊璋に授けた中大兄皇子の意図は、帰国前に豊璋を倭国朝廷に仕える臣下の最高位に位置づけることであり、この措置により豊璋は来朝以来の百済国の「質」＝「百済君」の身分から、大王（天皇）の政治的秩序に従属する「百済の王子余豊璋」へと変質したのである。

孝徳朝の白雉献上儀礼の場面では「百済君」（白雉元年二月九日条）・「百済の君豊璋」（白雉元年二月十五日条）などの記載がみえ、長瀬一平が指摘しているように豊璋は本国王によって派遣されてきた「蕃客」としての扱いを受けていた。ところが、斉明六年以後になると書紀は「王子豊璋」「百済の王子豊璋」「王子余豊璋」という表現に変え、故国の王位継承者としての豊璋の立場を鮮明にしている。ただし、この場合一般の倭臣と大きな違いがあるのは、豊璋には何らかの氏姓が授けられていない点である。豊璋の姓は母国に由来する「余」（斉明六年十月条）であって、倭国大王（天皇）の廷臣たる「百済王子余豊璋」というのが帰国前の豊璋の正式の地位・身分であったと考えられるのである。これは与えられた冠位の特異性と共に、豊璋が倭臣一般とは異質な存在であったことの反映であろう。

先ほど記したように、百済の将軍福信らは豊璋を自らの手で即位させる意図をもっていたようである。

しかし中大兄の朝廷は先手を打ってまず「王子余豊璋」を大王（天皇）に従属する倭臣とし、帰国後には倭国の介入による即位儀を挙行して、国際的には倭国大王（天皇）の臣下として隷属する「蕃王」という立場に置き、ひいては百済国そのものを倭国の藩属国とするという冊封体制を創出しようとした。推古朝前後以来の倭・百済両国の外交関係は、『隋書』倭国伝に「新羅・百済、皆倭を以て大国にして珍物多しと為し、並びに之を敬仰し、恒に通使・往来す」とあるように、倭国を「大国」として入質・貢調を行ってきたが、豊璋の帰国と即位という緊急事態に直面した中大兄の朝廷には、復興後の百済国及び百済王を倭国の冊封体制下に組み込もうとする深慮遠謀をここにみて取ることができよう。豊璋にはなお倭人の妻まで与えており、将来のことを見据え百済王の宮廷に倭王権の影響力を及ぼすという配慮も忘れていない。すなわち天智元（六六二）年五月条には次のような記事があり、先ほど引用した天智即位前紀九月条の続きの出来事が記されている。

大将軍大錦中阿曇比羅夫連ら、船師一百七十艘を率て、豊璋らを百済国に送りて、宣勅して、豊璋らを以て其の位を継がしむ。又金策を福信に予ひて、其の背を撫でて、褒めて爵禄賜ふ。時に豊璋らと福信と、稽首みて勅を受け、衆、為に涕を流す。

故国の土を踏んだ豊璋に天皇の勅を宣べた役回りが百済救援軍本隊の大将軍阿曇連比羅夫らの倭臣であろう。これは口頭による勅語の宣示という形態をとっており、その内実は「其の位を継がしむ」、すなわち百済王としての即位であり、これは事実上倭国大王（天皇）の冊立を受けた百済王の成立とみなすことができる。それと同時に福信には「金策」（金製の冊書）が与えられ、「其の背を撫でて」褒めるという行為が付随している。口頭の宣勅といい背中を撫でるという行為といい、身体感覚に密着した原始的な儀礼が行われていることに留意されるが、それはともかくとして、儀礼の核心は倭国大王（天皇）の主導にもとづく百済王の即位とそれに仕える最高位の廷臣の任命とである。しかもその即位儀が現地の衆人監視のなかで行われたことと、豊璋・福信が「稽首みて勅を受け」たことがきわめて重要であって、中大兄皇子は中華帝国の皇帝として百済国の豊璋王を倭国の政治的隷属下に置きつつ蕃国の再興を図ろうとしたのである。

ところが、右にみてきた政策も豊璋と福信の内紛と白村江の戦い（天智二＝六六三年八月）で倭国軍が壊滅したことにより完全に頓挫してしまう。書紀の天智二年八月条には、「是の時、百済王豊璋、数人と船に乗り、高麗に逃げ去る」とあり、『三国史記』百済本紀・義慈王二十年条にも、「王扶余豊身を脱がれて走ぐ。或るに云はく、高句麗に奔ると。其の宝剣を獲たり。王子扶余忠勝・忠志らは其の衆を師ひ、倭人と並び降る」とあって、豊璋は形勢のおのれに凶なるを観て叔父忠勝らを放置し単独で逃亡するという途を選択したのである。また叔父忠勝・忠志らも唐の軍門に降りここに百済国再興の途は完全に閉ざされてしまう。

こうして百済救援と百済王の冊立を失策した中大兄皇子は、称制のままで即位することもなく直ちにさまざまな戦後処理に邁進する。そうした諸政策の一つに百済王豊璋の弟善光の処遇の問題があった。重要なのは百済本国が消滅し豊璋王も行方知れずになってしまい、残された善光は拠るべき国家・国土を喪失したという事実である。しかも善光はなお倭国に健在しているのであり、根なし草の状態では善光の一族は「夷狄の王」または「蕃賊」とみなされることになるのであって、彼らを倭国内においてどのように処遇するかという問題と取り組む必要に迫られた中大兄の政府は、翌天智三（六六四）年三月に次のような措置を発表する。

百済王善光王らを以て、難波に居らしむ。

倭国に滞留している善光らは右の措置により難波を居住地と定められた。彼らのこれ以前の居地は点々としていて不明であるが、最も蓋然性が高いのは難波の阿曇山背連比羅夫の家であろう（皇極紀元年二月条）。難波の堀江付近に安曇江や蕃客を迎接するための客館（難波郡）があり、外交の職務に活躍した阿曇氏に豊璋・善光らの集団を管理させていたのではないかと考えられるが、天智三年の右の措置は事実上の亡命集団となった善光一族の居地を確定したものとみることができる。奈良時代には摂津職の管郡に百済郡（評）があり、東部・南部・西部の三郷（里）から成る下郡であったらしいが、藤沢一夫は郷（里）名の由来について百済宮都を中心とする領域区分である五方五部制と関連するとみており、善光らが定住した「難波」とはこの百済郡（評）を指すものとみてよく、建評については現段階では古市晃が天下立評の年とされる大化五年に比定できると判断し、百済王族が当地域に入部するより前の時期にすでに百済系渡来集団が居住していたと推定している。しかし、百済評には百済王氏以外の有力な渡来集団を見出すことができず、かなり狭隘な評域も東生・住吉両評の一部地域を割いたような様相を呈しており、またその存在が発掘調査によって推定されている百済寺・百済尼寺の造営主体が誰なのかも判明しておらず、寺院の造営と百済王族の定住の問題とは切り離して考えた方がよいと思われ、やはり百済建評と天智三年三月の右の措置とは連動する関係にあるとみることができ、評名も善光一族の集団的称号である「百済王」に由来するであろう。大化以来全国的な規模で施行された評制は、「王民（公民）」のみならず帰化集団をも把握する領域区分だという原則が善光一族にも適用されたのであろう。

周知のように白村江の敗戦により大量の百済人が来帰してきたが、彼らの多くは近江国や東国に居地を与えられ善光の一族とは隔絶された畿外の地域に帰化・定着することとなる。天智四年二月には百済百姓男女四〇〇余人を近江国神前郡（神崎評）に、翌年冬には百済男女二〇〇〇余人を東国に、さらに天智八年に佐平余自信・鬼室集斯ら男女七〇〇余人を近江国蒲生郡（蒲生評）に安置しており、また東大寺大仏の造立を指揮した国中連公麻呂の祖父国骨富の事例のように、おそらく大和や河内など畿内に定住していた旧来の百済系渡来集団の居住地に吸収された人々も多数いたと推考できるが、善光一族の難波への定置は亡命集団の居住地指定の政策のなかでは最も早い時期に行われており、その居地も副都と重要港湾の所在地である難波という点で他の集団とは差別化されていることがわかる。

利光三津夫が説いた善光らの一族を「亡命百済政権」の中核勢力と規定することはできない。善光らは百済評に定住することにより他の亡命集団とは切り離され、王権の統制下に位置づけられたからである。王権にとり百済亡命集団の多くを畿内の特定地域に集住させ組織化させることは政治的・軍事的には危険なことであり、むしろ百済王一族を他の帰化集団とは隔離し、豊璋王とは別の形で帝国秩序の形成に利用し、そのために一定の庇護を加えることが必要になったと考えられる。善光は豊璋のように百済王に冊立された気配がない。にもかかわらず右の記事に「百済王（クダラノクニノコニキシ）」と記すのは、寛敏生がすでに指摘しているように、倭王権から善光の一族に付与された特別の集団的称号とみなしてよく、一族の存在を把握するための名籍も百済評の設置とともに作成されたと考えられ、「百済王」は氏姓の前段階に位置付けられる「蕃人」の集団的称号とみるべきであろう。

天武三（六七四）年正月に善光の子昌成が没する。書紀には「百済王昌成薨せぬ。小紫位を贈ふ」と記す。百済王一族は壬申の乱において積極的に動いた形跡がなく、またこれ以前に朝廷の冠位を授けられていたわけでもない。にもかかわらず壬申の功臣に与えられる高位の小紫位が追贈されているのは、おそらく天武二（六七三）年閏六月に没した沙宅昭明への贈位と密接に関連していると考えてよい。書紀は次のように記す。

大錦下百済沙宅昭明卒りぬ。人と為り聡明く叡智しくして、時に秀才と称はる。是に、天皇、驚きまして、恩を降して外小紫位を贈ふ。重ねて本国の大佐平位を賜ふ。

沙宅昭明は生前に大錦下という冠位を帯びていた。これは天智十（六七一）年正月に朝廷から授けられていた亡命百済貴族への最高冠位であり、近江朝の法官大輔の職にも任じられ右文にも記す通りの才能を発揮していたのであろう。興味深いのは、昭明の死が「卒」とされ、「外小紫位」と本国の「大佐平位」が同時に授与されていることである。これらを百済王昌成の「薨」「小紫位」と比較すると、天武天皇は百済王とその高位の臣下との間の君臣関係に配慮した贈位を行うとともに、両者に対する象徴的な贈位を天皇が執行することにより、百済王に帰属すべき本来の支配秩序を天皇が掌握していることを天下に示すものであったということになる。

それから天武四（六七五）年正月、「大学寮諸学生・陰陽寮・外薬寮、及び舎衛の女・堕羅の女・百済王善光・新羅仕丁ら、薬及び珍異等の物を捧げ進る」という記事があって、年頭の御薬の儀において百済王善光は王化に浴していない諸蕃人と同列に扱われており、その後、朱鳥元（六八六）年九月三十日には天武の殯宮で百済王良虞が誄を奉呈させられており、「是の日に、百済王良虞、百済王善光に代りて誄る」とある。誄は代々の祖先が王権に服属し奉仕を重ねて来た由緒と実績を述べる儀礼であり、天皇への服属儀礼としての性格を強く帯びるものである。みられる通り、百済王には冠位や何らかの肩書が記されていないのは、百済王一族が日本王権の服属下に置かれた「蕃人」の集団であることを示すもので、百済王良虞の奉誄は二十九日の大隅・阿多隼人、倭・河内馬飼部造らに続き、翌日の諸国国造らの誄より前に執行されたのは、王族という身分にもかかわらず辺境の夷狄や卑賤の職掌とされる馬飼部の帰化氏族・地方豪族らと同列に扱われていることを示す。このように天武の王権はなお百済王を「蕃人」「夷狄」の範疇で処遇していたのである。

筧敏生が論じているように、善光らの一族が日本王権の「内臣」となるのは持統朝においてである。書紀の持統五年正月七日条には、「公卿に飲食・衣裳賜ふ。正広肆百済王余禅広・直大肆遠宝・良虞と南典とに優賜ふこと、各差有り」とあり、同じく正月十三日条には、「正広肆百済王禅広に百戸、前に通せば二百戸」と食封を賜与する記事が続く。書紀の持統五年正月朔条には、「親王・諸臣・内親王・女王・命婦等に位を賜ふ」とあり、正月七日の条に百済王余禅広（正広肆）と遠宝（直大肆）がそれぞれ位階を帯びているのは、彼ら二人が朔日の叙位に預かったことを物語るであろう。本章の冒頭に引用した百済王敬福の薨

●百済王氏系譜（今井啓一説・数字は没年）

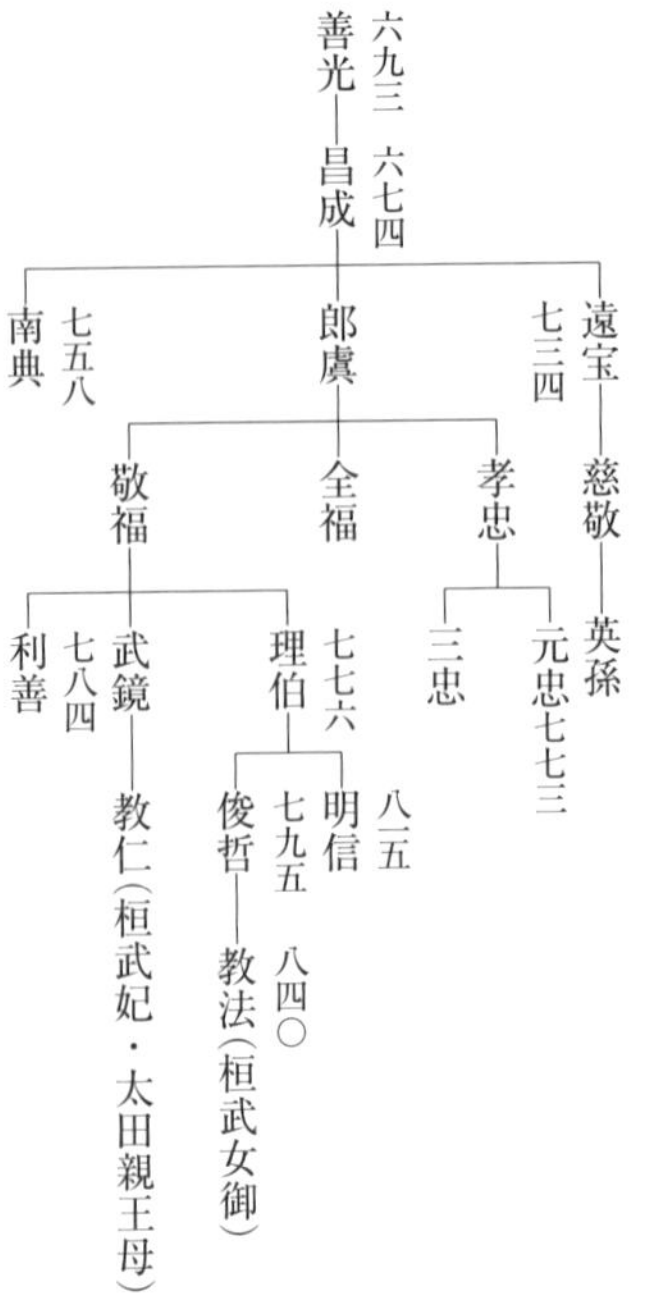

伝によれば、「藤原朝廷、号を賜ひて百済王と曰ふ」とあり、藤原朝廷＝持統天皇の時に「百済王」号が善光一族に授けられたとされている。これは「百済王」号が氏姓化されたことを意味するもので、天皇に従属し奉仕する「百済王氏」という氏族がはじめて成立し、百済王族が「内臣」化したことを示すものである。

右の正月の饗宴儀礼に伴う優賜は、前年の飛鳥浄御原令とりわけその戸令の制定・施行及び庚寅年籍の作成と密接に関連した措置と考えられ、ここではじめて百済王氏一族が日本天皇の臣下として本貫の戸籍に登載される身分、すなわち「良民（王民）」になったと考えられる。因みに百済王氏は摂津職百済評（郡）ではなく藤原京に付貫されていたとみることができる。現実の居地と本貫とは区別すべきで、百済王氏は特殊な戸籍によって把握された存在と考えられるのであり、善光・遠宝・良虞・南典らは当時実在した百済王氏の構成員を成す中核的存在とみてよかろう。なお、百済王善光は持統七（六九三）年正月に死没し、「正広参を以て、百済王善光に贈ふ。并て賻物賜ふ」と一般の廷臣と同様の扱いを受けている。

以上まで紙数を費やして百済王氏という特殊な帰化氏族が成立した経緯を述べてきた。「百済（クダラ）」は善光一族の出自をあらわす氏名となり、「王（コニキシ）」は天武朝末期に定められた八色の姓（真人・朝臣・宿祢・忌寸・道師・臣・連・稲置）と同列の姓を意味し、本国の王号でもなく、亡命集団の称号でもなくなったのである。百済王氏は天皇に服属・奉仕する帰化系の「内臣」に変質し、田中史生が強調しているように、日本国家に取り込まれた「百済王権」を象徴する集団と化すのである。

二　藤原継縄と百済王明信の結婚

持統朝以降の百済王氏には次のようないくつかの特徴が看取される。第一に、百済王氏には一人として外階を帯びる人物が見当たらず、帰化氏族としてははじめから唯一内階コースの貴族官僚として扱われ、上・中級の官人を輩出する身分・地位を与えられたようである。就任した官職も官位相当制に適合しており、内・外官のさまざまなポストに就いている。百済王敬福が天平年間にはじめて陸奥介・守に任じられて以後、陸奥鎮守将軍・副将軍・征夷副使、出羽守・介、下野守、越後守、常陸守など征夷戦との関連でしばしば現地に派遣された人物（三忠・文鏡・武鏡・英孫・玄鏡・聡哲・教峻・教雲ら）がおり、なかでも百済王峻哲は宝亀年間から延暦十四年八月に没するまで（延暦六年閏五月～延暦九年三月は日向権介に左遷）、桓武天皇の征夷政策に深く関わった武人として著名で、天皇への忠勤を励む王氏の姿を象徴的に現出した事例であるが、そうした傾向も征夷戦がいったん終息状態となった弘仁初年頃には途絶える。

光仁朝から桓武朝にかけて五位以上の位階を賜る族人の数が増加することは確かであるが、任官状況に何らかの偏りがみられるわけでもなく大きな変化はない。王氏の男性で三位に昇叙したのは天平時代の南典・敬福と淳和・仁明朝の勝義の三人を数えるだけで、議政官に抜擢された例はない。桓武朝には百済王氏へのさまざまな優遇措置が打ち出されるが、叙位の面では交野行幸における特別恩叙以外に目立った動きは見出されず、四位に昇った人物も少ない。九世紀後半の貞観年間以後になると中央政界での活躍がほとんどみられなくなるのは、王氏出身の妃・女御・宮人らが次々に他界し（明信・弘仁六年没、教法・承和七年没、恵信・承和九年没、慶命・嘉祥二年没、貴命・仁寿元年没）、後宮からの政治的支援が得られなくなった影響が大きいであろう。

第二に、他の氏族は天皇への上申を経て氏姓を倭風な内容のものに変更することや、本宗・分家に限らず本貫の移動が可能とされたが、「百済王」姓は固定されており改氏姓の対象とはならず、また王氏の本貫は京内に固定されていて、家族や宗族の関係は特殊な戸籍によって把握されていた蓋然性が高い。百済王氏の本貫は『新撰姓氏録』右京諸蕃下に立項されているように右京なのであり、摂津・河内両国の諸蕃の項に王氏の記載はみえないのであって、そのことは藤原・平城京の時代から一貫していたと考えた方がよい。摂津職百済郡と移転先の河内国交野郡は実際に王氏一族が集住する居所ではあっても本貫ではなかったのである。百済王氏がそのような特例的扱いを受けた理由は、日本の天皇が百済王族の子孫を厳格に管理して服属・奉仕させている事実を内外にアピールし、またそのことを永く後世に継承させていくためであったと考えられる。

第三に、百済王氏は天皇にさまざまな奉仕を行ったが、その中核的・象徴的な儀礼が百済楽・舞の奏上である。天平十二年二月、聖武天皇の難波行幸に際して「百済王等風俗楽を奏す」とあり、同じく天平十六年二月にも「安曇江に幸して松林に遊覧す。百済王等百済楽を奏す」とあり、道鏡政権の下で称徳女帝が弓削寺に行幸した時、「唐・高麗楽を庭に奏し、刑部卿従三位百済王敬福等また本国の舞を奏す」と記す。桓武朝の交野行幸の際にも滞在先の右大臣藤原継縄の別業において、「主人、百済王等を率いて種々の楽を奏す」（延暦六年十月）、「右大臣、百済王等を率いて百済楽を奏す」（延暦十年十月）などとあり、さらに仁明天皇即位直後の天長十（八三三）年四月の紫晨殿における酒宴で、「音楽の次、右京大夫従四位下百済王勝義、百済国の風俗舞を奏す」と記録しているように、故国の楽舞を伝習させ、日本天皇に仕える「百済王」を演じさせたのである。

天皇の鷹狩りに伺候・奉仕するのも王氏の重要な役割で、後で述べるようにとりわけ桓武天皇との関係は深い。『日本書紀』仁徳四十三年条に記す伝承によると、「百済王の族酒君」は養鷹のことに長けており、天皇が百舌鳥野に行幸して遊猟した時、酒君は「韋の緡を以て其の足に著け、小鈴を以て其の尾に著けて、腕の上に居ゑて、天皇に献る」とあり、天皇の鷹狩りは百済王廷の風俗を取り入れたものと考えられる。皇極紀元年五月条によると、「河内国の依網屯倉の前にして翹岐（豊璋）等を召びて、射猟を観しむ」とあり、仁徳紀の伝承に出る百済王族の酒君というのは翹岐の像を反映しているのではなかろうか。鷹甘部が集まり住んでいた河内の鷹甘邑（大阪市東住吉区鷹合）は摂津と河内の国境が交錯する地域の古地名で、百済王氏の最初の居地百済郡南部郷の接壌地であった。

第四に、百済王氏の婚姻家族関係の実体については史料的に確かな素材が乏しいので正確な論議はできないが、善光を基点とする子孫の系譜と婚姻事情はほとんど不明であり、大坪秀敏が指摘した天平勝宝年間と推定される藤原朝臣継縄と百済王明信の結婚以外には、日本人と王氏・帰化系氏族と王氏との婚姻の実相を史料上に検証することがきわめて困難で、実体的にもそのようなことはなかったとみられる。前章でもすでに指摘しておいたように、藤原氏全体において天平年間以後には帰化系氏族と婚姻関係に入る事例が散見されるようになるが、百済王氏だけは別世界の扱いであったようで、この問題は王権にとり百済王氏を再生産し血統を存続・継承させていく上で重要な課題になったと考えられることから、いま少し紙幅を割いて論じてみることにしたい。

皇極二年四月に来朝した豊璋・善光らは本国から妻子を伴ってきていたようである。書紀の皇極元年二月条によれば、「弟王子、児翹岐及び其の母妹の女子四人」が百済国内の政変でいずれかの島に追放されたと記す。また同年五月の記事には「翹岐が児死去ぬ。是の時に、翹岐と妻と、児の死にたることを忌みて、果して喪に臨まず」とあり、百済・新羅の風俗として家に死者ある時父母兄弟夫婦姉妹であっても喪儀に親臨しないと書いている。風俗のことは論外としても、「質」として他国に派遣された王族は従者のみならず妻子を随伴させていたであろう。おそらくは帰国後のことを視野に入れての措置であり、豊璋の弟善光も妻子を帯同していたことが早逝した昌成の存在でわかるし、さらに豊璋らには叔父忠勝も随従していたことを想起すべきである。しかし、六六三年の白村江の戦い以後善光一族は帰国することが不可能になったので、一族の再生産は善光・昌成の家族や、豊璋が帰国の際に倭国に残留させたと推測される親族内の範囲で行われた可能性が高い。百済王氏の系譜関係や婚姻の具体相が断片的にでも文献に遺されていないのは、それらの情報を秘匿しようとする外部からの政治的な圧力が加わっていたことも関係しているだろう。

おそらく王権は血統の劣化と拡散とを懸念し、百済王氏の婚姻関係について国内に存在する百済系の有力な帰化集団との婚儀を禁止し、百済王氏自体も初期にはミウチのなかだけで系譜の維持を図る方針であったと考えられる。昌成の子遠宝（天平六年没）・良虞（天平九年没）・南典（天平宝字二年没）のうち南典は、『公卿補任』の記述を信用すると天智六（六六七）年の生まれということになり、生母としては豊璋・善光の姉妹などが想定されるが、確実な記録が見当たらない。さらに善光の曽孫に当たる慈敬（遠宝の子）、孝忠・全福・敬福（良虞の子）らのうち、敬福は薨伝によれば文武二（六九八）年生まれとなり、これも生母が不明で、親族内での婚姻を想定せざるを得ない。これらの世代になると婚姻対象とすべき女性がかなり減少し、極端なミウチ婚の弊害も現れて来たので、王権もその対策に関与せざるを得ない事情に直面したのではなかろうか。以前に述べておいたように、奈良時代前半期には「蕃人」と日本人との間の婚姻について、それも政権を構成する皇族・貴族層と「蕃人」の婚姻関係の形成に関しては不文律の禁忌が存在したらしいが、百済王氏一族の純粋培養と血脈の存続を第一義の課題とする以上は、王権が他律的に何らかの方策を施す必要に迫られたとみられる。

この点で筆者は、先に指摘した藤原朝臣継縄と百済王明信の婚姻は、聖武・孝謙朝の王権が百済王氏の現状を追認した上で打ち出したきわめて重要な施策であったと考えている。政府が皇族・王族ではなく廟堂第一の貴族である藤原氏を選択したのは、百済王氏と王家の血統・血脈が混交することを忌避し、それに代わり高位の貴族家との交配に絞り込み、その血を注入することにより百済王氏の存続を図ろうとする政治的狙いによるものと考えられるのであって、後で述べるように、継縄と明信の結婚を南家藤原豊成とその弟仲麻呂との政治的確執の問題に帰することは誤りで、この結婚こそは王権と最高レベルの貴族層との合意にもとづいて実現した唯一無二の事例であるとみなすべきである。光仁・桓武朝以後にも藤原氏及びその他の貴族家と百済王氏との間の婚姻事例はまったく見当たらないからである。

ところで、天平勝宝年間には百済王氏の歴史にとって大きな画期が訪れた。それはいうまでもなく天平十九（七四七）年に開始された東大寺盧舎那大仏の鋳造が一段落し、その像身を飾る黄金が陸奥守百済王敬福の手で平城京にもたらされたからである。敬福は天平十五（七四三）年六月に従五位下で陸奥守となったが、天平十八（七四六）年四月上総守に異動し、同年九月再び陸奥守に返り咲き、翌閏九月に従五位上に昇叙している。そして天平勝宝元（七四九）年四月には百済王敬福が陸奥守として東大寺盧舎那大仏のための塗金九〇〇両を貢進するという慶事があり、敬福は一挙に七階昇格して従三位を授けられ公卿の列に連なるのである。従三位には敬福の兄百済王南典がすでに天平九（七三七）年九月に叙されているが、当時南典は氏上の地位にあったとみられ、『公卿補任』は天平宝字二（七五八）年に九一歳で死没したと記す。しかし、敬福の貢金は聖武太上天皇を狂喜させるほどの功績があり、なお且つ当時問題化していた婚姻政策との関係もあって破格の処遇が与えられたとみられ、問題の婚儀はそうした前提の下で実行されたものであろう。

ところで、この婚姻を検討する上で看過できないもう一つの動向を注視しておく必要がある。それは天平勝宝二年頃に百済王氏が摂津職百済郡から河内国交野郡に移転したという問題である。敬福の薨伝には「従三位を授け、宮内卿に遷り、俄かに河内守を加へらる」とあり、宮内卿への就任が天平勝宝二（七五〇）年五月であり、勝宝四（七五二）年五月に常陸守に移っているので、右の期間のうち早い時期に河内守を兼任したと考えられ、敬福の河内守就任は本拠地の移転に関係があったものとみられるのである。

ただし、考えておかねばならないことは、移転後の百済郡には王氏一族が残らなかったのかというと、筆者はそうではないと考えている。前節で詳しく述べたように、百済王氏は天智三年三月以後難波の百済郡に居地を与えられていたから、当地にさまざまな利害関係が発生・蓄積しており、難波という地域の重要性を考えた場合にも、一族の同時全部移転などというような事態は想定し難いのであり、むしろ最初に交野へ移住したのは百済王明信の親族らであったのではなかろうか。例えば『続日本紀』延暦十年正月九日条に従五位下を叙された百済王難波姫というような女性の存在が知られ、難波すなわち百済郡との関わりが想定される。また天平勝宝六（七五四）年四月に百済王理伯が摂津亮に任じられ、離任のことは明確ではないものの、天平宝字初年頃まで在任したと推測できる。史料で確認することはできないが、理伯が明信の父だったとすると、摂津亮への就任は移転後の後始末と関係する可能性が高い。さらに同人は神護景雲元（七六七）年八月に摂津大夫となり、宝亀二（七七一）年七月伊勢守に転出するまでその任にあったらしい。後者は道鏡政権強化を目的とする人事としての性格が強いものの、前者は移転直後のこととして看過できない。しかしむしろ問題とすべきはなぜ河内国交野郡が移転先として選ばれたのかということであろう。

百済王氏の居地移転の理由に関し、今井啓一は百済郡の大半が河内平野西部の卑湿な土地であり、勝宝二年五月には長雨のため「伎人・茨田等の堤、往々に決壊す」という洪水が起き、しばしば起こる水害を避けるため交野郡への移住を申請して認められたと解釈している。しかし、この説では交野郡がなぜ選択されたのかはわからないのである。今井は触れていないが、移転先の交野郡も百済郡とは反対に易田倍給の措置が問題になるほどの旱災の多発する高燥地であり（『類聚三代格』弘仁十一年六月四日官符）、古くから開発があまり進展しておらず、むしろ後世にまで王侯貴族らの狩猟の対象となった広大な禁野が発達した土地なので、その意味では地勢的・経済的な条件は余り異なっていないのである。交野郡北部には継体天皇が宮を置いたと伝える葛葉（楠葉）郷があり、淀川の重要な渡河点ではあるものの、百済寺の所在地からも判明するように百済王氏の居住空間はもう少し内陸部寄りの地域であった。したがって確かに今井説も一つの有力な理由であろうが、やはり居地の移転事情については政治的な背景があったことを想定すべきであろう。

藤原継縄は南家藤原武智麻呂の孫に当たり、長子豊成の二男である。生母は路真人虫麻呂の娘と伝えている。延暦十五（七九六）年七月に七〇歳で没しているので、生年は神亀四（七二七）年ということになる。同腹の兄に良因（伯耆守・没年不明）がおり、弟には乙縄（参議・天応元年六月没）・縄麻呂（中納言・宝亀十年十二月没）がいる。天平宝字七（七六三）年正月に正六位上より従五位下に叙せられ、翌八（七六四）年正月信濃守、同年九月越前守に任じられたが、周知の通りこの年九月に起きた恵美押勝の反乱事件には孝謙太上天皇の側についた功をもって、いち早く押勝の子息辛加知が就任していた越前守の補任に預かり押勝与党の掃討を行ったのである。押勝（藤原仲麻呂）は豊成の弟で継縄らの叔父であり、天平宝字元（七五七）年七月の橘奈良麻呂の謀反事件では、父豊成は謀反に加担したことを理由として左大臣を停任され大宰員外帥に左降された。だが豊成は病と称して難波別業にとどまったままで赴任せず、押勝の乱まで雌伏の時を過ごしていたのである。弟乙縄も奈良麻呂と親しいという理由で同じく日向掾に左遷されている。

周知のように継縄と百済王明信の間には乙叡という男子がいた。『日本後紀』の記事によると乙叡（散位・従三位）は大同三（八〇八）年六月に四八歳で没しているので、生年は天平宝字五（七六一）年ということになり、両者の結婚は少なくとも前年の宝字四年以前とみなすことができる。ところが『公卿補任』には「勝宝七年丙申生」という記述があり、こちらが正しいとすると勝宝六（七五四）年以前の結婚を想定する必要がでてくるということになる。遺憾ながら明信の生年を特定できないので問題が残るものの、弘仁六（八一五）年に没した彼女の享年が仮に八〇歳であったとすると、生年を天平八（七三六）年とみることができ、継縄より九歳年下となる。そこで、勝宝六年婚姻説を是とすると、継縄二九歳・明信二〇歳での結婚が推定され、宝字四年説だと継縄三五歳・明信二六歳の結婚と考えられ、いずれかというと前者の想定がより妥当であろう。先ほど記したように、継縄は宝字七（七六三）年正月に三五歳でようやく正六位上から従五位下に昇叙し、翌八年正月信濃守に任ぜられているから、勝宝六年頃には内舎人クラスのポストにいた可能性が高い。

先ほどから指摘しているように、大坪秀敏は勝宝六年頃説を重視しており、その背景に豊成・仲麻呂兄弟の権力をめぐる確執を推定しているのである。東大寺大仏開眼供養が行われたのは勝宝元（七四九）年四月であるが、それから四カ月後の同年七月には聖武天皇が娘の阿倍皇太子に譲位して孝謙天皇が即位し、九月には光明皇太后の皇后宮職が改組されて紫微中台が設置され、その長官紫微令に藤原仲麻呂が就任する。時の太政官首脳部は左大臣橘諸兄、右大臣藤原豊成、大納言巨勢奈弖麻呂・藤原仲麻呂、中納言大伴牛養・石上乙麻呂という陣容であるが、参議から一躍大納言に抜擢された仲麻呂は孝謙女帝と光明皇太后の後押しにより、紫微中台に依拠して政権の獲得を目指す動きを強め、太政官に拠る橘諸兄と藤原豊成は急速に仲麻呂の権勢に対立する状況に追い込まれていくのである。そのような時にもちあがったのが百済王氏の婚姻問題であった。

すなわち、大坪の論は大仏造営に際して発揮された百済王氏の百済系帰化人に対する統率力を重視した両者の抱き込み工作という視点から、豊成が仕掛けた政略結婚としてこの婚姻問題を把握しようというわけである。勝宝六年以前と推定する大坪の見解に筆者は賛意を表するが、婚姻は豊成と仲麻呂のせめぎ合いによるものではなく、王権と高位の貴族層の審議と合意によって決められたもので、政争の具として豊成が個人的な目論見から推進した政略結婚ではなかったと考えている。そもそも大坪のいう百済王氏が百済系帰化人を統率するという発想の根拠が何にもとづくのかが明らかではなく、百済王氏は孝忠が勝宝元年八月紫微少弼に就任しているように仲麻呂に対しても従順で、王権への奉仕と忠誠の意識が時によっては政治派閥にこだわらない複雑な動きを示す場合があることを思うべきであろう。

しかも、よくよく考えてみると、藤原乙叡が継縄・明信の初生子であったとみる前提そのものにも疑問があり、婚姻の主な目的を考慮するならば他にも子どもたち、とりわけ女子がいたのではないか、そうなれば結婚の時期はもう少しさかのぼる可能性がでてくるのではないかと考えられるのである。そこで以前にも紹介したことのある『続日本紀』の二つの記事をここでも引用してみたい。

a『続日本紀』延暦六（七八七）年十月十七日・二十日条

・天皇交野に行幸し、鷹を放ちて遊猟す。大納言従二位藤原朝臣継縄が別業を以て行宮と為す。

・主人百済王等を率ゐて種々の楽を奏せしむ。従五位上百済王玄鏡・藤原朝臣乙叡に並びに正五位下、正六位上百済王元信・善貞・忠信に並びに従五位下、正五位下藤原朝臣明子に正五位上、従五位下藤原朝臣家野に従五位上、无位百済王明本に従五位下を授く。是の日宮に還る。

b『続日本紀』延暦十（七九一）年十月十日・十二日・十三日条

・交野に行幸し鷹を放ちて遊猟す。右大臣の別業を以て行宮と為す。

・右大臣百済王等を率ゐて、百済楽を奏せしむ。正五位下藤原朝臣乙叡に従四位下、従五位下百済王玄風・百済王善貞に並びに従五位上、従五位下藤原朝臣浄子に正五位下、正六位上百済王貞孫に従五位下を授く。

・車駕宮に還る。

まずaの記事によると、交野にあった継縄の別業で百済王氏に対する叙位が行われているが、継縄の子乙叡だけではなく、藤原朝臣明子・同家野ら女性たちにも同時の叙位が行われており、藤原明子は天応元

（七八一）年十一月に无位より従五位下に叙され、延暦五（七八六）年正月には正五位下となっているので、勝宝年中に生まれたとしてもおかしくない。bの記事でも乙叡と並んで藤原朝臣浄子に叙位が及んでいるが、浄子は神護景雲二（七六八）年十月に无位から従五位下に叙されており、誕生年はこれも不明だが勝宝年間とみて大過あるまい。藤原を名乗るこれらの女性は継縄と明信との間に生まれた女子なのではないだろうか。次章で触れるように、交野行幸における叙位には定例の叙爵ではない政治的な意味合いがあったことが知られており、桓武天皇は重要な政治的関係にある百済王氏と継縄夫妻に対する優遇策の一環としてその親族に特別な恩叙を行ったと考えられるのである。

そのほか、とくに注目される女性には宝亀七（七七六）年正月に无位から従五位上を賜った藤原朝臣教貴（教基）がおり、彼女はその後宝亀八（七七七）年正月には従四位下、天応元（七八一）年六月に正四位下、延暦二（七八三）年二月には正四位上となり、延暦八（七八九）年七月に「命婦正四位上」で没しており、通例よりはやや早く鬼籍に入ったとみられ、昇叙のあり方からみて有能な人物であったとも思われる。

彼女の名教貴（基）は日本人女性の名というより儒教思想と通底する異国風の性格のもので、おそらくキョウキと音読みしたであろう。百済王教徳・教峻・教貞・教勝・教雲・教養・教福・元基（以上男性）、教法・教仁・貴命（以上女性）など延暦年間に彼女と名の一字を共通にもつ族人がかなり多く出現し、教法（父は峻哲）・教仁（父は武鏡）・貞香（父は教徳）は桓武天皇の后妃として入内し、また貴命（父は峻哲）は神野親王（嵯峨天皇）に入内して忠良親王をもうけている。彼女らの生母のうちいずれかが藤原教貴であった可能性があるが、桓武天皇父子が百済王氏から后妃の候補者を選定しようとした時、藤原氏腹が考慮された蓋然性があるのではなかろうか。また、『類聚三代格』延暦九年八月八日官符によると、河内国若江・讃良・高安各郡に所在した藤原朝臣教貴の位田一町ずつが大納言職田に改組されていることがわかり、生前には交野郡に近接する河内国東部地域に経済基盤を置いていたらしい。教貴の生誕年を割り出すことは難しいが、もし彼女が継縄夫妻の初生子であったとすると、その生年は乙叡より数年先んじていた蓋然性がある。乙叡は宝亀九（七七八）年二月にようやく内舎人として出身したらしく、教貴の弟だったとみなすこともできるだろう。そうすると、継縄・明信夫妻の結婚は勝宝元年前後までさかのぼって想定することが可能となるのではなかろうか。

また継縄・明信夫妻の生活拠点を推定してみると、平城京内の豊成第あるいは別宅を設けていた可能性が高いが、夫妻には山背国内に別業があったようで、左に引用する史料によりそれが山背国葛野郡南部に所在した高椅津荘と呼ばれるものであったらしいことがわかり、おそらくこの別業こそが継縄・明信夫妻にとっての結婚生活の主な舞台になったと推測できる。延暦期の史料にみえるものであるが、結婚当初から機能していた第宅と推測される。

ア、『続日本紀』延暦六年八月二十四日条

高椅津に行幸す。還るに大納言従二位藤原朝臣継縄が第に過り、其の室正四位上百済王明信に従三位を授く。

イ、『日本紀略』延暦十一年五月十六日条

葛野川に幸す。便りに右大臣藤原朝臣継縄の別業に御す。
ウ、『類聚国史』延暦十一年閏十一月十七日条
高椅津に幸す。便りに石作丘に遊猟す。
エ、『日本紀略』延暦十二年四月三日条
葛野に幸す。便りに右大臣の別業に幸す。
オ、『類聚国史』延暦十二年八月二十八日条
葛野に遊猟す。右大臣藤原朝臣継縄の別業に御す。侍臣及び大臣の子弟に衣を賜ふ。
カ、『類聚国史』延暦十二年十一月二日条
新京を巡覧し、右大臣従二位藤原朝臣継縄の荘に御す。五位以上に衣を賜ふ。
キ、『類聚国史』延暦十三年四月二十八日条
新京を巡覧す。還るに右大臣従二位藤原朝臣継縄の高椅津荘に御し、宴飲して、五位以上に衣を賜ふ。

高椅津荘の所在地について乙訓郡大山崎町付近とみる説もあるが、葛野・葛野川・石作丘などの地名や天皇の新京巡覧を考慮に入れると、長岡京より北方に所在したことが推定され、桂川・御室川合流点付近に所在した津（高椅津・京都市南区吉祥院付近）に営まれた継縄夫妻にとっての政治的・経済的拠点であると考えられ、平安京遷都以後には「荘」と呼ばれ経済的機能がより拡充されたのであろう。この施設に百済王氏らが恒常的に出入りし奉仕するには難波ではかなり遠距離で不便なので、舟運の便や未開発の原野が卓越し人口密度が少ない点などをも考慮し、国境を挟んだ淀川対岸の河内国交野郡への移住が策され

たのではなかろうか。

そのように考えられるとすると、敬福の河内守就任と百済王氏の交野郡への移転の主要な契機は継縄と明信の結婚であったと推測でき、百済王氏がこの第宅の設立と奉仕とに大きく関与したとみなすことができる。おそらく百済王氏は敬福・理伯父子の親族がまず百済郡から交野へ移住し、その後継縄の昇進状況（参議・天平神護二年七月、中納言・宝亀十一年二月、大納言・延暦二年七月）や桓武天皇の即位を契機として移転が本格化したとみられるのである。延暦期以後は、摂津職の国への降格措置や難波宮の停止という動きもあり、さらに天長十（八三三）年四月に「摂津国百済郡荒廃田二十七町の野を以て源朝臣勝に賜ふ」とあるように、百済郡の衰弊が顕在化する状況が生まれてくるのである。

文献によって充分な確証は得られないけれども、右にみてきた藤原姓の女性らが継縄・明信夫妻がもうけた娘たちであったとすると、特筆される藤原南家と百済王氏との婚姻は天平勝宝元（七四九）年または翌年に成立したのではないかと推定できる。この年には百済王敬福が陸奥守として黄金を献上して従三位となり、南典ともども百済王氏の公卿が二人も並ぶという画期的な状況が生まれる。他方藤原豊成は四月に大納言から右大臣に昇任して左大臣諸兄・右大臣豊成の体制が発足する。七月には聖武天皇の譲位と孝謙女帝の即位があり、仲麻呂が紫微中台を設置したのは九月で、政治的にはかなり微妙な時期に入るが、百済王氏の婚姻問題は廟堂で審議され豊成家が引き受けるということで落着したのではなかろうか。

三　交野行幸の意義

桓武天皇はそれまで王権が不文律の禁忌としていた統治原則の一つを破毀し、自身を新しい皇統の始祖とする系譜の形成に新たな原理を導入した天皇である。桓武朝以前の歴代には後宮に諸蕃帰化人に出自する后妃は一人もいなかったが、天皇はその原則にこだわらなかったのである。というより、蕃人腹の男子である天皇が蕃人出身の女性を入内させるのはごく自然なあり方ともいえるが、やはり天皇は宮廷社会に厳存する不文律の禁忌を強く意識せざるを得ず、蕃人であることを逆手にとる形で、自身の国家構想の基盤となる「蕃人共同体」の構築に向けて伝統的な慣例・原則に挑戦する必要があったのである。因みに百済王明信は「帝の寵渥を被る」(『日本後紀』大同三年六月三日条)とあるように、桓武天皇からすこぶる重視された女性であるが、それは継縄・明信夫妻の政治的役割を直視し認識しての上のことである。天皇の男性としての感情とはまったく無関係・無縁の批評であることを強調しておきたい。

桓武天皇には総計三〇人近くの后妃がいたが、帰化氏族＝蕃人出身の女性には坂上氏二人、百済(飛鳥戸)氏一人、錦部氏一人、百済王氏三人がおり、百済王氏の内訳は百済王教法・教仁・貞香らであった。坂上又子や百済永継の入内は藤原氏出身の女性群(一〇人)と同じく皇太子時代や即位前後の早い時期に行われているが、百済王氏の入内の時期が全般的にやや遅れているのは、前章でも述べたように皇族と百済王氏の血統の混交という事態には皇族・貴族層の間にかなりの抵抗感があったためであろう。しかし、

●百済王明信の子孫

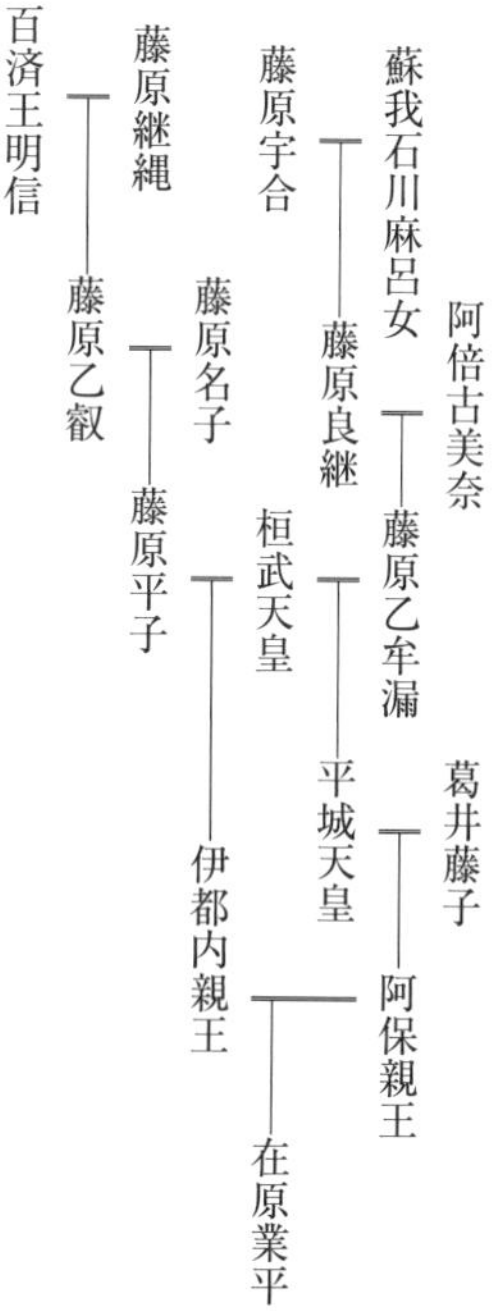

桓武天皇（七三七～八〇六）享年七〇
藤原継縄（七二七～七九六）享年七〇
藤原乙叡（七六一～八〇八）享年四八（勝宝七〔七五五〕年生まれの別伝あり）
百済王明信（?～八一五）七三〇年生まれと仮定すると享年八六

天皇は自身の国家構想の創出という観点から能動的に婚姻政策を推進したようである。とりわけ百済王氏の女性との婚姻は、百済王氏に対する優遇策であるのみならず、百済王統譜に皇統譜を接続させることにより、百済王権を族縁・血縁の原理にもとづいて日本王権の体内に取り込むことを意味するものであり、それに関連する作業は天皇の交野行幸に集約されているとみることができるので、本章では百済王氏の新しい居所となった交野への天皇の行幸を取りあげて、その意義を述べていきたいと思う。九八頁の表5には桓武天皇の交野行幸に関わる記事を掲載してある。

さて、以前にも指摘したことがあるように、桓武天皇はその治世中に二六〇回にも及ぶ遊猟・巡覧・行幸をくり返している。まさしく行動する天皇という特質をいかんなく発揮した王者であり、とりわけ延暦十一（七九二）年から晩年の延暦二十三（八〇四）年十二月末までは年平均二〇回前後のペースでほぼ間

表8 桓武朝初期の行幸（延暦二年～十年）

年次	月日	行幸先	備考
延暦二年（七八三）	10／14～18	交野	行宮
延暦三年（七八四）	閏9／17	藤原是公第	天皇幸右大臣田村第宴飲、授其第三男弟友従五位下。
延暦四年（七八五）	8／24	平城宮	先是、朝原内親王斎居平城。至是斎期既竟、将向伊勢神宮、故車駕親臨発入。 11／10　祀天神於交野
延暦六年（七八七）	8／24 10／17～20	高椅津 交野	継縄第 継縄別業為行宮 11／5　祀天神於交野
延暦十年（七九一）	10／10～13	交野	右大臣別業為行宮

断なく精力的に動座しているのである。延暦二年から延暦十年までは政権基盤の構築に忙しく、行幸を行う余裕がほとんどなかったとみられ、交野行幸が三回（延暦二年・同六年・同十年）、右大臣藤原是公田村第（延暦三年）が一回、平城宮が一回（延暦四年）、高椅津が一回（延暦六年）と少なく、後で述べるようにこの三回の交野行幸がとりわけ重要な内容を含んでいると考えられる。天皇の遊猟の地はほとんどが京周辺の原野で、鷹狩りを本領として王者の威権・専制性を臣下に示そうとしたのであるが、交野はその遊猟にふさわしい原野が卓越した土地柄でもあった。また、京域の巡幸・巡覧は平安京の造営と遷都に関わって行われたもので、造都の進捗状況や役夫・京戸住民の様子などを精力的に視察する目的があったとみられる。

それでは表5（九八頁）をご覧いただくことにしよう。桓武天皇の交野行幸には幾つかの特徴や疑問があり、それを箇条書きの形で整理してみることとする。

Ⅰ、交野行幸は記録に遺されているものに限ると一三回行われていることがわかる。延暦十六年十月の行幸は不祥の怪異により中止となったもので、このような例が他にはみられないのは、交野行幸が重要視されていたことの裏返しともいえる。行幸回数全体からみて交野への動座は相対的に多いとはいえないが、内容的には重要なものを含んでいる。

Ⅱ、交野行幸の大多数は遊猟を伴っている。しかも遊猟は行幸の初日に行われる慣例であったようである。遊猟の記述がない事例でもそれは省略されている可能性が高い。

Ⅲ、交野行幸は現地での数日の滞在期間を伴っている。他の行幸のほとんどが日帰りであるが、交野だけは宿泊逗留の日数が多い。

Ⅳ、交野行幸の行宮は継縄・明信夫妻の別業に限られており、天皇が百済王氏の第宅に滞在した形跡は一切ない。また滞在中に空白の日があり、天皇がその日に何をしていたのかが問題となる。

Ⅴ、交野行幸が行われた時期であるが、大半が十月に集中している。九月末や十一月、あるいは二月・三月の事例もあるが、十月が圧倒的に多い。

Ⅵ、初期の交野行幸では叙位が行われた。叙位の範囲は百済王氏と継縄・明信夫妻の子女に限定されているとみられ、百済王氏に対する天皇の政治的優遇を示すものである。

桓武天皇の交野行幸の歴史的意義を多くの論点を立てながら究明したのは田中史生である。筆者が右に列挙した特徴のほとんどすべての疑問・問題点について田中は先行する諸学説を踏まえながら具体的で的確な新見を含む回答を与えている。それを参考としながら筆者の見解を要約すると、桓武の交野行幸は、中国の天命思想にもとづいて天皇が日本と夷狄・諸蕃の国々に君臨する王者になるために執行した皇帝祭儀＝郊祀の舞台を設定し、天皇の統治下において創成しようと構想されつつあった新たな日本帝国の構造と理念を後世に向けて刻印するための作業であったと結論づけることができる。この点に天智系皇統の復活者としての桓武の政策の革新性があると認められ、皇帝祭儀の執行は桓武が唐帝国に対抗する日本帝国の皇帝に脱皮するために必要な措置であった。

行幸のなかで真っ先に行われた遊猟は中国の皇帝田狩の模倣で、百済王氏は禁野の管理（禁野検校）をはじめ天皇に伺候・随行するという形で奉仕を行い、田狩の獲物に代わる特別恩叙（後の「氏爵」）に預かるという慣例が成立した。光仁天皇の宝亀二年二月と延暦二年十月にそれぞれ天皇が滞在した行在所については、前にも述べたように継縄・明信夫妻に下げ渡されたと推定され、延暦六年以降の行幸では右大臣継縄の別業となり、高椅津荘と同様に百済王氏らはこの施設にもさまざまな奉仕を行ったと考えられ、ここでは同時に天皇からの特別恩叙や恩賜を下さるというハレの場ともなっていた。百済寺に対する経済的なテコ入れによって同寺の半官寺化を進めたのも優遇策の一環といえるであろうし、「百済王等は朕が外戚なり」という延暦九年二月の詔は、延暦年間初期の交野行幸においてすでに具現化・慣例化されていたと考えられるのである。

桓武天皇が平城京からの遷都の候補地として長岡を選んだことについては、これまでにも天皇の生地を乙訓郡と推定する村尾次郎の説や、「朕、水陸の便なるを以て玆の都邑に遷す」と伝える天皇自身の具体的な発言内容が重視されてきたが、王朝交替に関わる天応改元（天応元年辛酉朔）、中国の辛酉革命の思想（天応元年辛酉）や、甲子革令に依る新都の建設（延暦三年甲子）、さらには天命思想にもとづく新皇帝即位の祭儀である郊祀（延暦四年乙丑・延暦六年丁卯）の執行など、新たな国家体制の構築と天皇の権威・権力の確立を目指すのにふさわしい場所として選定された地であり、長岡京のほぼ真南の地に当たる河内国交野郡に百済王氏の本拠地が所在したことは単なる偶然ではなく、通説とは異なりむしろ交野を基点に長岡新都の造営が計画されたといってもよいのではなかろうか。

延暦二（七八三）年十月に実施された天皇初発の交野行幸については、長岡新都の造営計画（甲子革令）と皇帝祭儀の執行を見据えた準備措置で、とくに百済寺への正税一万束の施入は郊祀天壇の設営を百済王氏に担当させる意図があったとする林陸朗の説が妥当であろう。交野における郊祀壇の設置場所はまだ確認されていない。通説では枚方市片鉾本町の杉ヶ本神社に遺されていた土壇がそれであるといわれてきたが、近年では、枚方市中宮西之町の百済寺から北方に伸びる直線道路に沿って所在する禁野本町遺跡の発掘調査が注目を集めており、二重の周濠を廻らした一辺が一一〇メートルを計測する方形の遺構が郊祀祭壇の設置に関わる遺跡である可能性が出てきた。遺構の詳細は不明で今後のさらなる調査に期待がかけられ、発掘調査の推移を見守って行くことにしたい。

天壇の完成によって天皇は長岡京遷都を断行した翌延暦四（七八五）年十一月と、同六（七八七）年十一月の冬至の日に交野柏原に郊祀祭天を執行したが、前者は「天神を交野の柏原に祀る。宿禱を賽してなり」とごく簡略な記事になっている。ここにいう「宿祷（前から祈願していたこと）」が何を意味するのかはもう一つ明確ではないが、長岡京への遷都と関連する可能性が強い。桓武の真の治世が延暦四年に新都長岡で開始されたことを「宿祷」といっているように受け取れるからである。桓武天皇は没後に「柏原天皇」という通称で呼ばれるようになるが、柏原が郊祀の礼を執行した交野の「柏原」を指すのであれば、この地は天皇にとって最も重要な出来事がしばしば行われた聖地であったということができよう。なお、延暦十二年十一月と同じく十四年十月の交野行幸も平安京遷都の前後に行われており、郊祀祭天との関わりを推定することができる。

ところで郊祀の具体相については詳しい記述のある延暦六年十一月五日条の記事を引用してみたい。理解しやすいように読み下し文とし、内容の違いに応じて段落に分けておくことにする。

A　天神を交野に祀る。

B　其の祭文に曰はく、「維れ延暦六年歳丁卯に次る十一月庚戌の朔甲寅、嗣天子臣、謹みて従二位行大納言兼民部卿造東大寺司長官藤原朝臣継縄を遣して、敢へて昭に昊天上帝に告さしむ。臣、恭しく睠命を膺けて鴻基を嗣ぎ守る。幸に、穹蒼祚を降し、覆燾徴を騰ぐるに頼りて、四海晏然として万姓康楽す。方に今、大明南に至りて、長晷初めて昇る。敬ひて燔祀の義を采り、祇みて報徳の典を脩む。謹みて玉帛・犠齊・粢盛の庶品を以て茲の禋燎に備へ、祇みて潔誠を薦む。高紹天皇の配神作主、尚はくは饗けたまへ」とのたまふ。

C　又曰はく、「維れ延暦六年歳丁卯に次る十一月庚戌朔甲寅、孝子皇帝臣諱、謹みて、従二位行大納言兼民部卿造東大寺司長官藤原朝臣継縄を遣して、敢へて昭に高紹天皇に告さしむ。臣、庸虚を以て忝しく天序を承け、上玄祉を錫ひ、率土心を宅す。方に今、履長伊れ始めて、粛みて郊禋に事へ、用て燔祀を昊天上帝に致す。高紹天皇、慶は長発に流れ、徳は思文に冠とあり。対越昭に升りて、永く言に命に配す。謹みて幣・犧齊・粢盛の庶品を制して、式て明薦を陳ぶ。侑神作主、尚はくは饗けたまへ」とのたまふ。

右の文章はA交野での天神の祭祀のこと、その祭文には、B昊天上帝に対して天下統治の状況を報告し、高紹天皇を天神に配祀することを述べ、Cでは高紹天皇に祭祀を行う理由・意図を述べている。すでに指摘されているように祭文（中国では天帝祝文）は主に『大唐郊祀録』巻四・祀礼一・「冬至祀昊天上帝条」からの引用であり、倭風にアレンジされた部分は少ない。より具体的で詳しい祭式の内容に関しては『文徳実録』斉衡三年十一月二十二日・二十三日・二十五日の各条を参照していただきたい。

まずAから。ここに出ている「天神」は日本在来の天ツ神のことではない。B・Cの二カ所にみえる「昊天上帝」を指しており、これはすなわち中国で皇帝が祭った天帝のことである。交野は長岡京からみて南郊に当たる地であるから、この祭祀は中国で伝統的に行なわれていた冬至の郊祀礼を模倣したものといえよう。桓武天皇はすでに延暦三年十一月朔日に朔旦冬至を慶賀している。「朔旦冬至は、是れ歴代の希遇にして、王者の休祥なり。朕が不徳、今に値ふを得たり。思ふに慶賞を行ひて、共に嘉辰を悦ばしめんことを。王公以下に、宜しく賞賜を加へ、京畿の当年の田租を並びに免ずべし」とあり、当月十一日に長岡京遷都を断行している。交野の郊祀壇は延暦三年にはすでに竣成していたかもしれないが、宮城内外の突貫工事が続いていたことや皇后藤原乙牟漏の母阿倍古美奈の喪などが続き、翌四年の冬至に見送られたと考えられる。

次に、延暦六年の郊祀については本場中国の郊祀と相違する点があることが指摘されている。中国では昊天上帝に配祀されるのは王朝の太祖であったので、これを参考にすれば本来は神武天皇が配祀の対象となるべきところ、右の記録では高紹天皇すなわち光仁天皇とされたことであり、桓武は父光仁天皇から新しい王朝が開創されたことを強く意識し、天命により祭儀を執行する自分こそが初代の皇帝になったことを天下に示そうとしたのである。また、桓武天皇は十月に自ら交野へ行幸しているものの、郊祀祭天の儀礼には参加せず、大納言藤原継縄に祭儀を代行させていることがわかる。だが、金子修一がすでに指摘しているように、長期政権が続いた唐帝国でも皇帝親祭とは別に有司摂事の例が多く見受けられるし、斉衡三年の事例でも同じく天皇は臣下で大納言藤原良相を代行させているので、異とするには当たらない。むしろ、そうした形式的な側面より重要なことは、桓武天皇が祭文のなかで自己をB「嗣天子臣」・C「孝子皇帝臣諱」と称していることである。

Bの「嗣天子臣」は「天を嗣ぐ子たる臣」とでも訳すことができるが、ここの天または天子は、明らかに昊天上帝＝天帝に対応する天・天子の意味となろう。すなわち桓武天皇は前段の祭儀でまず自己を「天帝の子」そのものとしたのである。次にCの「孝子皇帝臣諱」は、高紹天皇に対する「孝子である皇帝たる臣下の山部」と解することができ、Bで「天帝の子」になった桓武は必然的に自分を「皇帝」と称することができたと考えられるのである。

桓武天皇はこのように新都長岡京遷都にあわせ中国の皇帝祭儀を執行してみせることで自己を公式に「皇帝」として定立しようと目論んだ。郊祀祭天を執行した天皇は前例がなく、律令法にも祭儀の規定はみられないのである。しかも、中国では皇帝が夷狄・蕃客を率いることが通例であったが、桓武朝には新羅・渤海の蕃客を列席させた上で祭儀を行うことはできなかった。しかるに郊祀の舞台である交野には百済王氏がおり、皇帝祭儀の儀礼的な側面を充足させる条件が整っていた。そして、おそらく郊祀の次に問題となったのが皇帝の統治すべき領域の問題であり、領域支配の正当性をいかなる方法で確立するのかという課題が浮上したと考えられる。律令法の規定では皇帝号は「華夷に称する所」とあったが、桓武は「華夷」だけではなく化外の「諸蕃」をも現実的に包摂する天皇＝皇帝たらんと企図したのである。

延暦八年十二月に生母高野新笠が没した。その喪葬儀のなかで天皇は完成していた『和氏譜』の記述に従い、自身が百済王統とその太祖都慕王の生ける後裔であること、扶余・諸韓に君臨した「天帝の子」の直系子孫たる自分は、天命によってそれらの地域に皇帝たることの資格を得たと考えたのである。生母の喪が明けた翌九年二月には天皇が「百済王等は朕が外戚なり」という宣言を行った。外戚の本来の意味を踏まえたものではないが、母系の姻族という点を無理にでも強調すると百済王氏は天皇の言葉通りの集団ということになるだろう。同年七月には津連真道の上表文が奏上されており、同様の神話と思想がくり返し唱えられていて、これに百済王氏が保障を与えるという関係が形作られており、天皇側近グループの手で桓武天皇の皇帝化が推進されたことを明確に看取することができる。

最後に、『類聚三代格』所収の延暦十六年五月二十八日勅（『令集解』賦役令・没落外蕃条所引の延暦十

六年五月二十八日格）を読み下し文の形で引用してみよう。桓武天皇の百済王氏に対する特別の恩遇と、その恩遇措置が何に関連して執行されたのかが鮮明に理解できる好例である。

勅すらく。百済王等は遠く皇化を慕ひ、海を航り山に梯りて、欵を輸すこと久し。神功摂政の世に、則ち肖古王は使を遣して方物を貢ぎ、軽島御宇の年に、則ち貴須王は人を選び其の才士を献る。文教これを以て蔚興り、儒風其れに由りて闡揚る。煥乎斌々として、今に盛んとなる。又、新羅肆虐し扶余を并呑するに属し、即ち宗を挙げて仁に帰し、我が士庶と為り、力を陳べて事に従ひ、夙夜公に奉ず。朕其の忠誠を嘉し、情に深く矜愍れむ。宜しく百済王等の課并に雑徭は、永く蠲除に従ひ、事とする所有ること勿るべし。主者施行せよ。

右は、桓武天皇が百済王氏に対して課役と雑徭の永年にわたる免除を命じたものである。王氏らは天皇の化を慕って来朝したこと、一族をあげて天皇の仁に帰服したこと、日本の公民となって一生懸命に奉仕したことにより、王氏らの忠誠を称えるとともに、それを憐れみ恵む気持から出たものであるといっている。百済との通交は肖古王・貴須王が日本朝廷に貢物を進め、才士を献上して以来の歴史を重ねたもので、日本に文教・儒風が興起し発展したのはそのためであると回想している。

こうした歴史の回想の仕方は津連真道の上表文の内容と瓜二つで、桓武朝の政治思想が奈辺にあるかを示唆するものである。他方では、新羅の行為を「肆虐」と非難し、とくに「扶余を并呑」したことをやり玉にあげ、斉明・天智朝における百済の滅亡と新羅の半島統一を百済王氏の「帰仁」「忠誠」と対比していることがわかる。このように、桓武天皇は王権の意思として百済王氏に対する特別待遇をさまざまに授けていることがわかるが、いずれもが朝鮮半島をめぐる国際情勢と天皇の帝国構想に深く関連している政策であることを理解する必要があると思うのである。

第五章　桓武帝国の特質

一　桓武天皇を論じた理由

最初に本書と関連する日本の国家についての筆者の一般的見解を記しておきたい。ただし、国家論の全般を披歴する場ではないので、桓武天皇とその治績を論じた理由をごく手短に述べて責をふせぐこととする。

さて、日本を含む東アジア地域では、中国の影響により古くから王朝国家の興亡の歴史がくり返されてきたが、江戸時代の長い平和と技術・教育の進歩を前史として産業革命をいち早く達成した日本は、近代化の過程で「脱亜入欧」路線を国是として西欧帝国主義と結びつき、台湾・朝鮮・満州に植民地を築き、さらにアジア・太平洋地域を巻き込んだ未曾有の侵略戦争を惹き起し、その大敗を契機として本格的な近代国家形成の歴史がはじまった。

大戦後の日本は主要な戦勝国となったアメリカ軍の占領統治を受け、日本国憲法を制定して戦前の体制からの脱却をはかり、独立後にはより高度な近代民主制国家への途を歩んできた。日本国憲法が規定する国家の在り方は、日本と日本人が次の歴史的階梯へ向かう道筋を指し示す重要な指標・理念となったが、新たな憲法の制定を自らの意思によって発起し、また自らの洞察力や経験知・理想にもとづいて新たな国家を建設するという意識・意欲が、当時の指導部はおろか国民の間にもほとんど欠如していたため、これまで憲法や国家が日々の生活に根をおろし密着した存在になりきっておらず、また国家に関する国民的な論議が日常的な営みとして行われてきたこともなく、むしろ国家を論ずることを敬遠する傾向が根強い。

ところで、考えてみれば、戦後に発足した日本は二〇〇〇年以上に及ぶ長い歴史のなかで、憲法が規定している三つの基本原則の下での国民生活はたかだか七〇年のことにすぎない。大戦以前の国制の基本はごく少数の貴族や武家・特権官僚による専制的な支配であった。貴族・武家・天皇制官僚による伝統的とも呼べる支配の遺制は現代にもさまざまな形で残存しており、未来の社会像・国家像がみえない不安のなかで、古い国家観や保守的支配イデオロギーに依拠して明日を生きる糧を求めようとする動きが顕在化している。とりわけ「美しい国」の構築を目指す勢力の熱いまなざしは明治憲法体制に注がれているようであるが、歴史を回顧した場合、維新政権が標榜した王政復古の原型は平安時代初期の桓武天皇の治世にさかのぼるのではないかと考えられる。皇室制度の確立、首都の定立、天皇を輔翼する官僚制、国郡制による地方支配、総力戦をもってする夷狄の征服、中華帝国の版図の画定、伊勢神宮祭祀の整備、日本仏教の定礎など、ある意味で桓武朝は日本歴史の分水嶺の位置を占め、以後に展開する国制の基盤と枠組み・理念とを創出した時代である。本書では桓武天皇がその治世の最終目標としてめざしたと考えられる国家構想の問題を究明することにした。

二　「蕃人共同体」の論

桓武天皇（天平九〔七三七〕年～大同元〔八〇六〕年）は天応元（七八一）年四月に即位し、大同元（八〇六）年三月に没したので、その治世については二五年間に及ぶが、延暦九（七九〇）年ないし十（七九一）年頃を節目としておおまかに前半期と後半期に区分することができそうである。詳細は巻末の年表の形で示すことにしたが、本書で取り上げた桓武朝の主要な出来事を次に列記してみよう。

天応元年四月　即位（辛酉革命）
延暦三年　長岡京遷都（甲子革令）
延暦四年　昊天上帝を交野に祀る
延暦六年　昊天上帝を交野に祀る
延暦七年　和気清麻呂を中宮大夫に任命する
延暦八年　生母高野新笠死ぬ
延暦九年正月　高野新笠に諡号を献呈し、百済王統の後裔に位置づける
延暦九年二月　百済王氏は朕が外戚なりと宣言する
延暦九年七月　菅野真道が上表文を奉呈する

延暦十三年　平安京遷都
延暦十四年　新京の大極殿・朝堂院完成
延暦十六年　続日本紀完成
延暦二十年　坂上田村麻呂征夷戦を勝利する
延暦二十三年　遣唐使派遣
延暦二十四年　徳政論争（造都と征夷の停止）
大同元年三月　天皇没

治世の前半期は、天皇が打ち出した独自の政治構想を実現するための準備期間で、平城京から長岡京への遷都に反対する勢力との権力闘争や、陸奥・出羽における征夷戦争の着手と失策、近親の相次ぐ夭逝と病疾・怨霊への対策などさまざまな不慮の事態に直面し、後半期は天皇が理想とする廟堂の陣容が整ったのを受けて、平安京遷都と征夷戦争の二大事業を徐々に完遂させていく過程である。そのなかで延暦九年前後の節目の時期に特筆すべき政治動向が集中していることに留意する必要があるように思う。

このように桓武天皇の治世は遷都と征夷という二本柱の大きな事業をめぐって進行していくのであるが、これらを実現させていく上で必須となったのが天皇の忠実な手足として働く多様な人材の確保という問題であり、さらに中央貴族層や地方官人を天皇が提起する政策に邁進させるための政治理念・国家構想の提示という課題であったと考えられる。前代までの政治にはみられない新規の政策を矢継ぎ早に打ち出した天皇には、それを納得し実行に移す多くの廷臣が必要になったはずである。廟堂の中心的な地位を占める藤原氏はいうまでもなく天皇にとって頼りになる存在であり、桓武朝政治を藤原氏の動向を中心に語るのが通説の立場ではあるが、重点をそこに置くだけでは桓武天皇の政治の本質を十全に明らかにすることはできないと思う。

そこで、右に述べた人材確保の問題に関し、筆者は「蕃人共同体」という概念を用いて桓武天皇が打ち出した独自的な政策を実現する集団を表現することにした。「蕃人」の語は律令制の法制用語で、ある個人またはその人物の系譜的先祖が帰化人である人間を指す一種の差別語である。国史をはじめとする文献にもしばしば記載がみえており、歴史の実相を見据えるためにはこの語と向き合うことが必要であろう。次いで「共同体」の語を使用したのは他に適当な言葉が見当たらなかったことにもよるが、蕃人の出自であることを自覚している桓武天皇その人を中核とする集団のことで、「諸蕃」すなわち帰化系氏族出身の人物とその家族・親族・同族、さらに帰化氏族出身の配偶者をもつ人物の家族・親族などを含む貴族・官人・宮人の集合体を指し、彼ら及び彼女らはその帯びる位階・官職や社会的な身分はみな異なるが、天皇の政治の枢機に参与し奉仕するという点ではフラットな関係にあった。

いうまでもなく、彼らは氏族という枠組みの外で天皇がつくりだした何らかの特殊な政治的団体に組織化されていたわけではなく、網の目のごとく張りめぐらされたさまざまな人脈のネットワークにより個々に天皇と結びついているだけであるが、背景に血縁・族縁ないしは擬制的な氏族関係によって結ばれた父母双方に広がりをもつ同族集団がひかえており、天皇の命令や思惑が太政官機構のトップを占める側近グループを通じて直接に下達しやすい環境が形成された。桓武天皇は強力な政治的意思と思惑をもって「蕃人」出身の有能な人物やその係累を自己の周辺に集める政策を推進したのである。

「蕃人共同体」の構想は桓武天皇が即位した時点から実現化に向けて推進されていったと考えられる。桓武天皇こと山部親王はもともと天武皇統からは外れた立場にある皇族であった。父白壁王は天智天皇の孫、志貴親王の子で、天平期の政争に利用され巻き込まれないように用心し、妃の一人に「蕃人」である和氏出身の女性を選んだのもそのような意図によるものであったらしい。なにせ皇族が「蕃人」女性を妻に迎えるといった事例は白壁王以前には見当たらないのであって、名門貴族の藤原氏でさえもそのような例は天平年間になってはじめて顕在化するようになるので、日本の朝廷にはある種の不文律として「蕃人」との婚姻を忌避する考えがあったのである。山部親王は「蕃人」を生母とする皇族の男子としては歴史上最初にして最後の人であり、また藤原氏の男子で奇しくも親王と同い年の生まれで生母が秦氏であった最初の人が藤原種継であるというのも、歴史の企みというよりほかに表現のしようがない。種継は桓武天皇の第一の侍臣で、もし長岡京遷都に反対する勢力による暗殺事件に巻き込まれていなければ、おそらく桓武朝政治を最後まで主導する地位を占めた人物であったと考えられるのである。

延暦九年二月に右大臣となった藤原継縄と大納言藤原小黒麻呂も天皇の「蕃人共同体」構想に適合する典型的な高級貴族の事例であろう。藤原継縄は南家藤原武智麻呂の嫡男豊成の子で、妻は百済王明信であった。二人の婚姻は百済王敬福が陸奥守として東大寺大仏に供する塗金九百両を献上した天平勝宝元年に成ったと考えられる。珍しいことに継縄の妻は明信ただ一人であった模様であるが、その理由は、他氏族との婚姻を禁止されていた百済王氏の系譜を純粋培養しようとする王権の意向をもとに、廟堂トップの地位を占める名門藤原氏との特例による婚姻であったからと推定され、二人の間に誕生した女子たちは百済王氏の妻に配されたのであろう。男子は乙叡のみが知られているが、乙叡は天皇の恩遇を受けて中納言にまで昇進し、平城朝の伊予親王事件に連坐して政治生命を失った。

桓武天皇は後述する左大臣藤原魚名の罷免事件以降には在位中に左大臣を一人も置かず、皇室の藩屏として宮廷の内外に大きな勢力を振っていた藤原氏の権勢を掣肘しようとした。先ほど述べた延暦九年の人事異動によって右大臣藤原継縄と大納言藤原小黒麻呂を廟堂のトップに据えたのは、以後の統治政策を天皇の理想に沿って展開していくための布石だったのである。継縄の妻百済王明信は延暦六年に従三位となり尚侍に任命され、後宮の運営と監督に大きな役割を果たした。彼女が天皇の寵渥を受けたと伝えられているのは、継縄・明信夫妻を通じて天皇が百済王氏を手なずけ統制するためでもあった。

大納言藤原小黒麻呂についてはその妻が秦下島麻呂の娘で、種継と同じく秦氏に大きな影響力を行使できる人材であったことが重要であろう。子息葛野麻呂がその名の通り山背国葛野郡に所縁があったことから明らかなように、桓武天皇の二度の遷都政策に小黒麻呂は中心的な役割を果たしており、畿内・近江などの地方に繁栄する秦氏の労働力・土木技術などを総動員する体制をつくりあげる上で欠かせない立場にあった。延暦四年の種継暗殺事件以後には小黒麻呂と和気清麻呂とが天皇の遷都政策にとって重要な存在になったのである。

天皇の政治的弱点の一つは、生母高野新笠が出自した外戚氏族である和史氏が弱小の氏族であったことである。新笠の母族である土師氏も伝統的な勢力であるが、天皇の即位を正当化できるほどの勢威をもたなかった。そこで、桓武は従兄に当たる和家麻呂をとりたて、朝臣姓を授けたほか参議に任じ、それまでの政界における暗黙の不文律を破毀したのである。さらに天皇は家麻呂と有力廷臣との縁組を策し、桓武朝初期に左大臣となった藤原魚名家との養子縁組を敢行しようとしたが、魚名の拒絶に遇って左大臣を罷免する事件を惹き起した。魚名の左遷はこれまで真相がよくわからない謎の事件とされてきたが、天皇の「蕃人共同体」構想の一齣とみれば事件の性格や実相を理解しやすいのではないかと考える。この後天皇は強権をもって家麻呂を和気清麻呂の長子広世の養子とし、その縁もあって清麻呂に命じ『和氏譜』の作成を行わせたのである。

桓武天皇の「蕃人」政策は後宮にも及んでいる。天皇の后妃はしられているだけでも二七名に達し、そのうち一〇名が藤原氏であり、七人が蕃人に出自する女性であった。後宮に蕃人の后妃が多数出現したのは桓武朝がはじめてのことであるが、七人の出身氏族を調べてみると百済王氏三人・坂上大宿祢氏二人・百済宿祢氏一人・錦部氏一人となって、いずれも元来は百済系帰化氏族に所縁のある女性たちであることがわかり、天皇自身も百済系の和新笠を生母としたことや、百済の王統譜を重視する政策との関連でこのような情況が生まれたのである。とりわけ百済王氏（教法・教仁・貞香）との婚姻は王氏を日本王権に結びつけたはじめての措置という意義を担うもので、聖武朝における藤原継縄と百済王明信の特例的な婚儀を数歩進めた斬新な政策であったといえる。

さらに、百済宿祢永継の入内には天皇の深慮をうかがうこともできる。永継は河内の百済系帰化氏族飛鳥戸奈止麻呂の娘で、北家藤原内麻呂の最初の妻であった女性である。彼女は内麻呂との間に真夏・冬嗣という男子をもうけていたが、天皇は内麻呂との折衝により永継を後宮に入れて妃とし、その後内麻呂を昇進させながら真夏・冬嗣をそれぞれ将来の後継候補たる安殿・神野両親王の側近にあてたのである。真夏は平城上皇の変により政治的不遇をかこつことになるが、嵯峨天皇に仕え左大臣となった冬嗣は摂関家藤原氏の族祖となったことはいうまでもない。

三　遷都と征夷

桓武天皇の側近には蕃人出身の有力廷臣がいた。文官の象徴的存在が菅野真道であり、武官の代表者が坂上田村麻呂である。真道は延暦二十四年正月に参議となり、田村麻呂は同年六月参議に選ばれた。桓武朝の終末期といえる時期であるが、和朝臣家麻呂が参議になったのが延暦十五年三月であるから、天皇は蕃人の廟堂への登用という勇断をまず近親の家麻呂で試し、大きな問題がないとみて相次いで真道と田村麻呂を入閣させたのであろう。周知のように、坂上田村麻呂は征夷大将軍として天皇の征夷政策をほぼ完成させた武人である。真道はその出自や官歴を詳しく述べたように、天皇の文教政策や国家構想に深く関わった文人政治家で、地方行政や国家財政の問題にも関与した。

ところで、大きな疑問となるのは桓武天皇がなぜ二度もの遷都を強行したのかということであろう。八世紀の皇都は首都平城京・副都難波京という複都制であり、元明・元正・聖武・孝謙・淳仁・称徳・光仁ら六人七代の天皇は原則的に複都制を踏襲し、首都平城京の地位に大きな変化はなかった。ところが桓武天皇は即位して早い時期から遷都の計画を実行すべく動いたものとみえ、延暦元年四月に造宮省の廃止を発表して平城宮の造営工事を停止し、延暦三年には早くも長岡京に遷都しているのである。次いで延暦十二年正月には葛野郡で新京の地相を探らせ、早くも長岡京内の建物の移設を開始し、翌十三年十月天皇は新京に遷移し、十一月には国名を山背から山城に改名し、新京を平安京と命名したのである。

これまで、長岡京遷都と平安京遷都の背景にはそれぞれの遷都についての理由・原因なるものがさまざまに想定されているけれども、二度の遷都は即位当初からの一貫した天皇自身の計画・構想ではなかっただろうか。また、征夷戦は光仁朝以前のような現地勢力の反逆行動に対する小手先の対応ではなく、何ゆえに国家財政を賭しての総力戦でなければならなかったのか、それらは天皇が構想する新たな帝国国家の構想と密接に関連した行為であったのではないかと考えられるのである。新しい宮都の建設は、桓武天皇が前王統とは異なる新たな王統の始祖として臨むために必要な都であっただけではなく、新たな帝国国家の首都を創出するという事業でもあったのであり、征夷は天皇の統治に服さない化外の夷狄を軍事的に征服し、天皇の威権を辺境外の地域に及ぼすだけではなく、華夏の領域を大きく拡大する目的をもっていた。前代までの国家とは異質な新しい帝国国家を創出するのが桓武天皇の治世の最終的な目標であったのではなかろうか。

ところで、第一次の遷都、すなわち平城京から長岡京への遷都は中国の天命思想・革命思想にもとづく王朝交替に関わる遷都であることは明白で、光仁天皇の譲位による桓武天皇の即位は、天武系皇統から天智系へと皇統の交替が確定したことを示す事件であり、新たな皇統の本居にふさわしい都の造営が必要になったのである。ただ桓武天皇の即位を正当化するにはさまざまな問題があり、反対派の妨害工作や不穏な動きもあったので、遷都の計画は極秘裏に進められ、短期間の造営工事によって皇都の威容を整えることが必要になった。問題はなぜ山背国の長岡の地が選定されたのかということであろう。

そもそも長岡京は京都盆地のなかでもかなり西の山麓地域に偏した位置にあり、京域内には丘陵・台地が多く、地形全体が北西から南東方向に傾斜していて、京域南東部はとくに卑湿の地で、条坊区画に乱れがあるなど多くの問題を抱えていたらしいので、平城京と比較してみても当地が皇都として適当な場所にあったとは考え難いわけである。長岡が選ばれた理由としては次のような説が考慮されるだろう。

一、桓武天皇の生誕の地が乙訓郡であったとみる説。

二、豊かな財力と土木技術に恵まれた畿内秦氏の本拠地（山背・河内・摂津・大和・近江）に近接した土地で、造営のための資材や労働力を得やすい社会環境にあったことを重視する説。

三、長岡は平城宮と難波宮の統合による遷都として最も都合のよい場所に位置していたとみる説。

四、水陸双方の要衝の地であったことを強調する桓武天皇自身の詔を重視する説。

五、長岡京の南に百済王氏の本拠地交野が控えており、郊祀祭天（皇帝祭儀）に対応する位置関係にあったことを重視する説。

右に掲げた諸説はいずれも真相の一端を鋭く突いた見解ではあるが、筆者は林陸朗が唱えた第五の説を最も重視しており、むしろ郊祀祭天を執行する河内国交野郡柏原の北方に長岡が位置する関係にあることが選定の根本的な理由になったと考えており、あくまでも起点は長岡にではなく交野の柏原にあったとみるべきである。天皇が没後に柏原天皇という通称で呼ばれたのも、交野の地の重要性や天皇の治績の原点が奈辺に存するかを示唆している。

すなわち、桓武天皇は中国皇帝が伝統的に執行してきた昊天上帝の祭儀を交野の柏原で執行し、日本国天皇が華・夷双方の統治権者であるだけではなく、朝鮮の諸蕃国をも従える中華皇帝になることを内外にアピールする目的を第一義として長岡に都を造営したと考えるのである。延暦二年十月に行われた最初の交野行幸は、主に交野の郊祀壇の設置のことと新都造営の適地を長岡に決定するための作業になり、早くも遷都直後の延暦四年と六年の冬至には交野において郊祀祭天が執行され、天皇は唐帝国の皇帝に並ぶ天子・皇帝の身位に昇華したのである。延暦四年十一月の祭儀について、『続日本紀』は「天神を交野の柏原に祀る。宿禱を賽ひてなり」と記すが、宿禱とは前年に行った念願の長岡京への遷都を意味し、そのことに報いる祭儀をついにやり遂げたことを確認しているのである。

次に延暦十二年に発起し、翌十三年十月平安新京に遷都した要因についてであるが、早良親王の怨霊の祟りを避けるためとする説、旧京の地勢が先にも述べたように不適切な面が多々あり、とりわけ京内を流れる中小河川や桂川の氾濫による洪水の難を重視する説などが有力視されており、やむを得ない事情による遷都という見方が一般で、遷都はあくまでも一度だけというのが天皇のもともとの考えだったとみなされてきた。そのために両京に関し相互に関連性のない個別の建都理由が種々の視点から検討されてきたのであるが、そうではなく天皇は最初から二度にわたる遷都を構想し計画していたのではなかろうか。両京の位置関係や地形をみても明らかなように、葛野・愛宕両郡にまたがる京都盆地中央平野部が最も皇都にふさわしい地相の地だったのである。

しかも二度目の遷都について、天皇が「億載ノ宮」（『類聚国史』巻七十二・踏歌・延暦十四年正月十六日条）として以後の遷都を原則的に停止しようとしたのは、平安新京こそが中華帝国皇帝の君臨すべき唯一の首都であること、帝国の版図とその統治に関わる基本構想がほぼ実現し完成したことによるもので、平安京の造営もまた天命思想と革命思想にもとづく皇統交替を象徴する日本帝国の皇都、すなわち換言すれば、唐帝国の首都長安に並ぶ東アジアのもう一つの帝都として定立された事業と考えられる。天皇は延暦十年十月と同十二年十一月に交野行幸を行い、遷都翌年の延暦十四年十月にも行幸を行っている。それらは内容的に単なる遊猟や継縄夫妻との交流を期しての行幸ではなく、平安京とその郊祀祭壇の所在地である交野との位置関係を再確認し、新京が皇帝の君臨する日本帝国の首都であることを歴史に刻み込む行動であったといわなければならない。

林陸朗は長岡・平安両京と交野柏原との位置関係について興味深い事実を指摘している。図1に示したように、両京の羅城門を結ぶ直線をそのまま河内国交野郡の方向へ延伸してみると、直線の先に郊祀祭壇の設置場所と推定されている杉ヶ本神社や禁野本町遺跡・百済寺などが並んでいることがわかる。いうまでもなく、線上の途中には石清水八幡宮が鎮座する鳩ヶ峰の山丘が控えているので、両京羅城門の遺址から郊祀壇の場所を見通すことは不可能であるが、距離がそれほど離れているわけでもないため、図上でかなり精度の高い位置関係をおさえることはできたであろう。つまり、平安京の縄張についても交野の郊祀壇との関係を意識して造営されたことが推測されるのである。

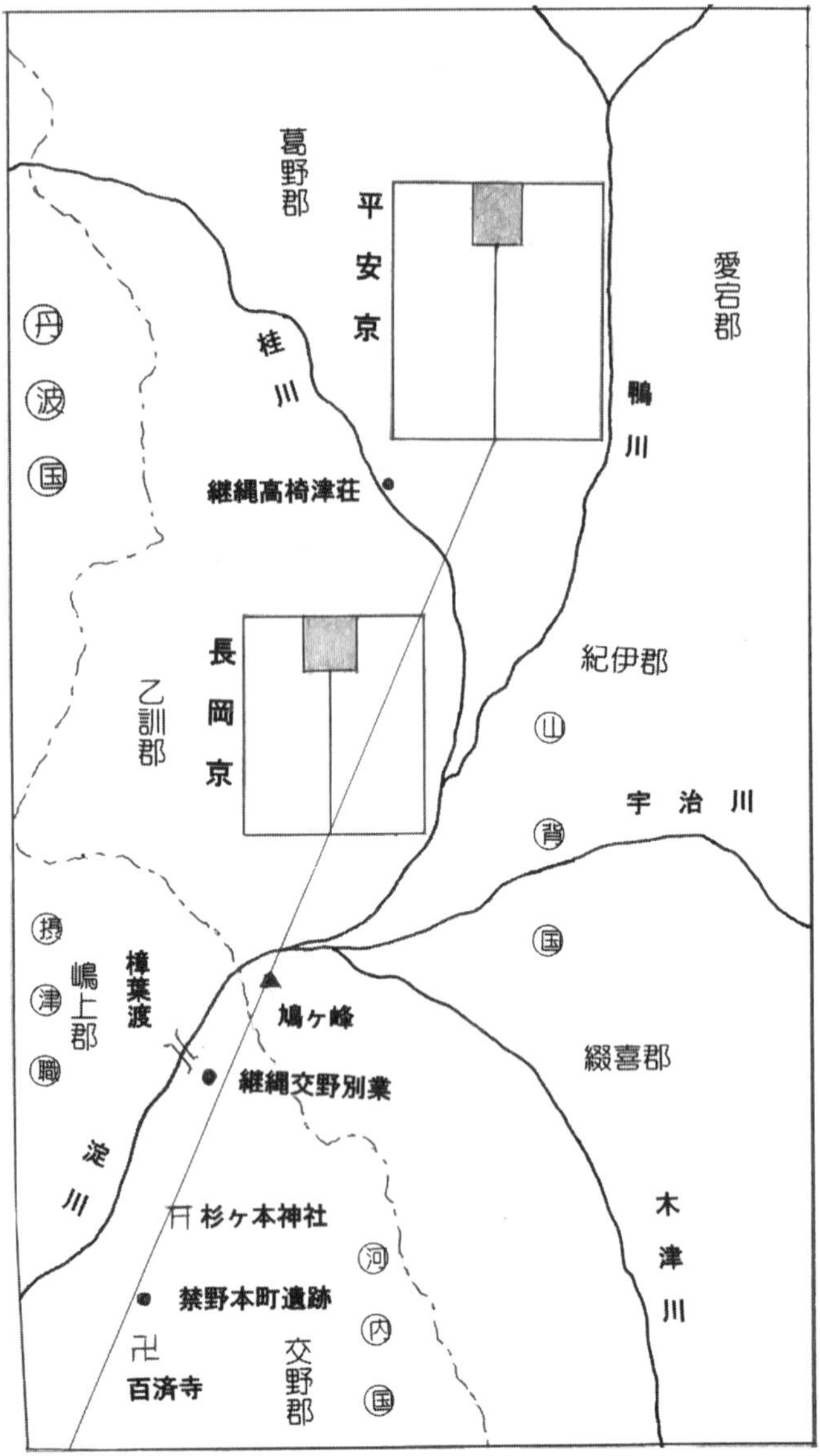

図１　長岡・平安両京の郊祀ライン

四　日本帝国の定立

延暦八年十二月に生母高野新笠を喪った天皇は、その死を契機として独自の構想にもとづく帝国国家の全容を天下に闡明しようと決意したようである。前章で述べたように、天皇は延暦四年と六年の冬至日に長岡京南郊の交野柏原において郊祀祭天を執行していた。郊祀というのは、後漢以来中国皇帝が天命思想に依拠して昊天上帝（天帝）を祀り、天帝の徳を享けた地上の天子＝皇帝が天下支配を行う正当性を得るための祭儀であり、唯一中国皇帝だけに許された儀礼だったのであり、皇帝の冊封体制下にある中国周辺の諸蕃国の王は使節を派遣してこの儀に列立し皇帝への服属の意志を示すことになっていた。したがって蕃王は皇帝祭儀を模倣して郊祀を執行することはなく、大宝律令により完成した日本律令国家も律令法に郊祀に関する特別の法条を規定してはいなかった。日本は唐帝国に遣唐使を派遣して朝貢外交を行っていたが、唐の冊封を受けていない「不臣の外蕃国」という立場にあったので、郊祀を模倣し執行することについては制約がなかったのである。

桓武天皇がこれまで先例のない郊祀祭天を敢行したことについては、唐帝国との関係のみならず朝鮮の新羅国・渤海国との関係をみておく必要がある。なぜなら桓武天皇の帝国構想は唐帝国に対抗する日本帝国の定立という歴史的意義を有しているが、その前提として、朝鮮諸蕃国を従える日本帝国の樹立というテーマが同時に存在し問題化していたはずだからである。

『隋書』倭国伝によると、「新羅・百済、皆倭を以て大国にして珍物多しと為し、並びに之を敬仰し、恒に通使・往来す」とあり、中国王朝が明確に認めているように、律令制以前の倭国は朝鮮諸国に対する「大国」としての地位に立っていた。新羅が朝鮮半島を統一するまでは、当地は三国一地域に分裂した状態が長く続き、中国からの絶えざる政治的干渉も加わって戦乱の状態が継続した。倭の王権もそのような亀裂を利用してこれらの国々と交渉し軍事的な行動を行うこともあったので、倭と朝鮮諸国との「通使・往来」の実質は対等ではなく、日本王権が「任那の調」を新羅あるいは後に百済から徴収していたように、朝貢に伴う儀礼や王族の質の貢上など実体的に倭国が「大国」として臨む条件が潜在しており、『古事記』『日本書紀』に記述のみえる神功皇后の新羅征討伝承は、律令制成立前夜の倭国王権が朝鮮諸蕃国をどのように服属させたのかという由来と理想像が描かれており、これが同時に倭国「大国」観の限界ともなっていたのである。なぜなら、その限界を現実にもたらしたのが新羅・唐の同盟による百済・高句麗の滅亡、その後に続く新羅国による半島の統一であったからである。

六六三年八月、白村江の戦いで倭の水軍が唐帝国の水軍に大敗を喫し、四世紀以来続いた百済・倭軍事同盟が崩壊し、百済国が最終的に滅亡する。外交交渉のため倭に入質していた百済王子豊璋は本国貴臣らの要請により帰国したが、唐・新羅の圧倒的な軍事力の前に百済再興の夢は適わなかった。中大兄皇子は豊璋の帰国に際し倭国の官位を与え、また派遣将軍らが見守るなか現地の戦陣で即位儀礼を行い、豊璋を日本天皇に冊立された百済王となしたが、敗戦と豊璋の行方不明とによりこの試みは失敗に帰した。一方、倭国に滞留していた豊璋の弟善光とその一族は天智朝に難波の百済評を与えられて永住することを決意した。彼らは持統朝に日本の「内臣」となり百済王姓を与えられ、日本国天皇の被護下にある百済王権を象徴する存在と化した。

百済王善光の子孫であった陸奥守敬福は、聖武天皇の東大寺盧舎那大仏造営に黄金九百両を献上するという大功をたて、天皇を狂喜させた。その頃、日本の貴族層や百済系帰化下位集団との婚姻を禁止されていた百済王氏は、自らの氏族を純粋培養する方途に困惑する状態に置かれていた。聖武王権は藤原氏をはじめとする支配貴族らの審議と合意にもとづき、藤原南家豊成の子継縄と百済王明信との婚儀を策し、夫妻は山背国乙訓郡高椅津畔に第宅を構えそこで結婚生活をスタートさせた。婚儀が成ると、百済王氏の一族は摂津職百済郡から河内国交野郡への移転を開始して同所に百済寺を創立し、後に桓武天皇が郊祀祭天を執行する舞台となる禁野が形成される。

孝謙（称徳）朝の政治的乱脈が天智天皇の孫白壁王の即位（光仁天皇）をもたらし、皇后井上内親王と皇太子他戸親王が藤原百川らの謀略により廃されると、山部親王が皇太子に策立された。山部は若くして大学頭・侍従・中務卿を歴任しており、独自の政治思想・国家構想を練るための環境と条件が醸成されていた。光仁朝の政治は弛緩した律令体制の建て直しをめざしたが、十分な成果を挙げることができず、陸奥国では上治郡司の叛乱が勃発したのを契機に蝦夷社会との全面戦争に発展していく。対外的には強圧的な外交儀礼を嫌う新羅国との関係が断絶し、渤海国との交流は頻繁に継続したが、日本との交易に重きを置く渤海使節は朝儀の場に形式主義で臨もうとする意欲が強く、華夷の統治者・諸蕃を服する天皇の威容を維持することが困難な情勢となりはじめていた。一方、唐帝国は安史の乱以後地方の動乱が頻発して統治機構が不安定となり、遣唐使や渤海使節らからの情報を得た朝廷は、律令法で対等意識の下に唐を「隣国」と規定していた皇帝使節を諸蕃と同じ規式で扱い、帰化唐人を「遠蕃人」と呼ぶなど、唐帝国に対するそれまでの見方とは異質な姿勢が宮廷社会に顕在化しはじめる。

天応元年に即位した天皇はその年号に象徴されるように天命思想にもとづく革新的な政策を次々と展開していく。天皇にとってその治世は、天帝の子としての自己を確立することと、自己が君主として君臨しようとする新たな国家体制の造型を明確に提示し現実化することであった。右に述べたように、八世紀初頭に大宝律令が規定していた国家の内実はすでに現実との間で大きく矛盾・乖離していた。新たな施政方針と帝国国家の構想を提起し実践することで帝国の中身を練り上げていくことが必要になったのである。ではそれはいかなるメカニズムによって達成されたのか。

延暦九年正月の喪葬儀礼のなかで天皇は生母高野新笠に天高知日之子姫尊という諡号を贈り、尊号として皇太后を追贈し、とくに諡号の意味について、『続日本紀』は「后の先は百済の武寧王の子純陀太子より出ず」とし、新笠が百済王家の系譜につらなる女性であること、さらに「其の百済の遠祖都慕王は、河伯の女、日精に感じて生める所なり。皇太后は即ち其の後なり」と説明する。百済王家の系譜上の原点に位置づけされた都慕（朱蒙）王は、河の女神が日精つまり太陽の霊性の働きかけにより誕生した聖なる人物であることを明らかにし、それゆえに新笠はその後裔として天高知日之子姫尊なる諡号を授けられてしかるべき人物であるというのである。

諡号の奉呈には二つの意義があり、一つは天皇が生母の出自を異国の尊貴な血筋に由来することを認めることによって、外戚家としての生母の地位を高める措置であること、もう一つのより重要な意義は、天皇自身が生母を通じて百済王統譜につらなることを明らかにし、日本の皇統譜と百済の王統譜を統合した存在としての自己を明確に自覚したこと、さらにそのことを広く公表したということにある。母后がまだ健在であった延暦七年二月、和気清麻呂が中宮大夫に任じられている。清麻呂の薨伝には「中宮の教へを奉り、和氏譜を撰び奏す。帝甚だ嘉す」とあり、天皇の命を受けて清麻呂は高野新笠の祖先系譜を作成したことがわかり、系譜作成の意図と主旨は右に述べたようなものであったことが推定できる。

ところで、新笠の謚号を飾る「天」であるが、これを日本神話の「天」になぞらえることは誤りである。『続日本紀』には百済王系譜と百済の建国神話の要須が記されており、それをもって謚号を贈ることが明記されているからである。だが、百済の建国神話に描かれている「天」は百済王家が独自に構想し主張しようとした「天」ではなく、中国の天命思想に由来する「天」なのであり、桓武天皇が構想する「天」も天帝（昊天上帝）に委任された皇帝統治に関わる「天」とみなす必要がある。すでに桓武天皇は郊祀祭天を執行して中国皇帝と並び立つ存在となっていた。天皇が思い描いた「天」は天帝の居所を本源とする「天」であったというべきである。

では、桓武天皇は百済王統譜につらなる自己を自覚することによって、どのようにして諸蕃国に臨む皇帝たり得たのであろうか。延暦九年二月二十七日の人事異動のことは前に触れておいたが、その当日に天皇は詔を発し、「百済王等は朕が外戚なり」と明言し、王氏の面々に位階を授けたのである。この詔の内容はどのようにも解釈が可能であるが、言葉の厳密な意味では百済王氏は天皇にとっての外戚氏族ではなく、血縁系譜を同じくする同族だという意味でならば説得性のある言葉になるであろう。おそらく天皇の意図は、百済王統本流の百済王氏をはじめて天皇家の姻戚として認め、王氏を重視し優遇しようとする意思を明らかにしたということであり、「蕃人共同体」すなわち日本在住の蕃人・帰化集団の中核に位置づける措置であるとみなすことができ、日本天皇に近侍・統属する百済王を象徴させる機能を付与したといえるだろう。問題は、天皇がなぜ百済王氏をそのように処遇したのかということにある。

同年七月、津連真道が上表文を奉呈した。桓武朝における文官の代表的な存在に成長しつつあった真道は、おそらく天皇からの積極的な慫慂を得て長大な上表文を作成したと考えられる。しかしこの上言には真道個人のみならず百済王氏三人の署名が付されており、真道が書き記した文章の内容を百済王氏が保証するという体裁がとられているのであって、異例の形式になっている理由は、真道の主張しようとする内容に権威を与え正当化しようとする意図があったからである。それではその文意とは何か。

上表文奉呈の本旨は、津連真道が貴姓である菅野朝臣を天皇から賜りたいとする個人的な理由にあった。したがって、真道が自ら作成した文章の本質は自氏族の奉仕本縁なのであり、実際に真道の遠祖である辰孫王が百済の肖古王・貴須王に出自する人物であること、天皇の要請に従い日本に来朝帰化して仁徳天皇の学問上の師となり、以来真道の先祖らは一貫して朝廷に仕え文教の実を挙げてきたことが書かれているのである。しかし、これでは百済王氏がこの表文に署名を連ねた意図が明確にはならないであろう。真道の祖先が百済王室とつながるという言説は誇張・虚偽であるとしても、そのために百済王氏がわざわざその言説にお墨付きを与えるというほどの価値を有するとは考え難い。では、天皇が真道の表文に求めたものは何なのであろうか。

表文の冒頭には、「夫れ百済の太祖都慕大王は、日神霊を降し、扶余を奄いて国を開き、天帝籙を授け、諸韓を惣べて王と称せり」という一文が挿入されており、百済建国の始祖都慕（朱蒙）大王の事績がわざわざ記されているのである。すなわち、百済の始祖大王都慕（朱蒙）は日神の申し子で、高句麗・百済両王統の起源を成す扶余においてはじめて国を開き、次いでその高徳により天帝から籙を授けられ、諸韓に王として君臨したのであるというのである。都慕大王は高野新笠の遠い祖先であり、桓武天皇にとっても始祖に当たる百済大王であることを先にみた。そして、表文で都慕大王は扶余に開国し、天帝から籙を享けることによって諸韓に君臨する王となったというのであるから、天帝の子、すなわち地上の帝王である都慕大王の後裔たる桓武天皇自身がその血脈につながる正統の帝王であることになり、高句麗・百済両国が消滅して存在しない今は桓武天皇こそが唯一の天帝の子となったのである。諸韓の上に君臨し統治する皇帝桓武はこのようにして誕生したのである。

延暦十六年二月に『続日本紀』の編纂が完了した。編纂の実務を主に担当したのが菅野真道である。真道は即位以来天皇の側近にあってその政治の一部始終をみつめ続けてきたので、天皇が打ち出した国家構想の全体像を知悉していた。彼が書き記した『続日本紀』序文に天皇の治績と治世の総括とみるべき日本帝国の具体像が掲載されているので、それを再び引用して本章の記述を閉じようと思う。

伏して惟《おもん》みるに、天皇陛下、徳は四乳に光《かがや》き、道は八眉に契《あ》ふ。明鏡を握《つか》みて以て萬機を惣べ、神珠を懐きて以て九域に臨み、遂に仁をして渤海の北に被らしめ、貊種心を帰し、威は日河の東に振ひ、毛狄息を屏《と》めしむ。前代の未だ化せざるを化し、往帝の臣とせざるを臣し、魏々の盛威に非ざるよりは、孰れか能く此に與《あずか》らむや。既にして扆《い》を余閑に扆《お》ひ、神を国典に留め、爰《ここ》に真道等に勅して、其の事を銓《はか》次り、先業を揚げ奉らしむ。

桓武朝年表

年　月	事　　項
天応元（781）年	45歳
4	光仁天皇譲位、山部親王即位、早良親王立太子
12	光仁太上天皇没
延暦元（782）年	46歳
閏1	氷上川継謀反事件（大伴家持・坂上田村麻呂ら処罰さる）
3	藤原種継が参議となる
4	造宮省廃止、官庁の統合を図る
6	左大臣藤原魚名免職さる
延暦2（783）年	47歳
2	故藤原百川に右大臣を贈る
4	夫人藤原乙牟漏を皇后とする
7	大伴家持中納言となる
延暦3（784）年	48歳
1	藤原種継・藤原小黒麻呂を中納言に任ず
5	遷都のため山背国乙訓郡長岡村を視察させる
6	造長岡宮使を任命
11	長岡京遷都
延暦4（785）年	49歳
1	長岡宮大極殿にて朝賀を行う
9	藤原種継暗殺事件、皇太子早良親王を廃止
10	廃太子没す
11	安殿親王立太子、昊天上帝を交野に祀る
延暦5（786）年	50歳　この年、神野親王・大伴親王誕生する
1	藤原旅子を夫人とする、近江国に梵釈寺を建てる
8	征夷戦の準備を始める
延暦6（787）年	51歳
1	蝦夷との交易を禁止する
8	藤原継縄邸に行幸し百済王明信に従三位を授ける
11	昊天上帝を交野に祀る
延暦7（788）年	52歳　この年最澄が比叡山に一乗止観院を建てる
1	皇太子安殿親王が元服する
3	軍粮・兵員を多賀城に輸送する
5	夫人藤原旅子没す
12	征東大将軍紀古佐美が陸奥国に進発する

延暦 8（789）年 6 12	53 歳 朝廷軍が阿弖流為と戦い敗れ、天皇、将軍等を叱責する 生母高野新笠没す
延暦 9（790）年 2 3 閏 3	54 歳 百済王氏は朕が外戚と宣言する 征夷のための軍粮調達に着手する 皇后藤原乙牟漏没す
延暦 10（791）年 7 10	55 歳 征夷大使大伴弟麻呂、副使に坂上田村麻呂を任ず 皇太子安殿親王、病気平癒のため伊勢神宮に参拝する
延暦 11（792）年 6 6	56 歳 兵士制を廃止し健児制とする 皇太子の病が崇道天皇（早良親王）の祟りと出る
延暦 12（793）年 1 2 3	57 歳 葛野郡宇太村に新京の地を探らせ、長岡京の建物の移設を始める 征夷副使田村麻呂が陸奥国に進発する 新京の地を視察する
延暦 13（794）年 6 10 11	58 歳 坂上田村麻呂が蝦夷を制圧する 天皇、新京に遷る。大伴弟麻呂が戦勝を復命する 山背を山城と改名し、新京を平安京と命名
延暦 14（795）年 閏 7 8	59 歳 雑徭の日限を 30 日とする 朝堂院工事の進捗状態を視察する。逢坂関を廃止する
延暦 15（796）年 1 3 7 11	60 歳 新造なった朝堂院で朝賀を行う 和朝臣家麻呂が参義になる 右大臣藤原継縄没す 隆平永宝を鋳造する・坂東北陸の住民九千を伊治城に移す
延暦 16（797）年 2 5 11	61 歳 続日本紀完成する 崇道天皇の霊を淡路の墓に謝す 坂上田村麻呂を征夷大将軍に任ず
延暦 17（798）年 7	62 歳 平城旧京の僧尼の乱行を戒める
延暦 18（799）年	63 歳

1	渤海国の使節を饗応する
2	崇道天皇の霊を淡路に謝す。和気清麻呂没す
12	本系帳の作成を諸国に命ずる
延暦19（800）年	64歳
7	廃太子早良親王を崇道天皇と追称する。井上皇后の名誉を回復する
12	大隅・薩摩に班田を行う
延暦20（801）年	65歳
2	征夷大将軍坂上田村麻呂に節刀を授ける
6	畿内の班田を12年に一度とする
9	田村麻呂から戦勝の報告がある
延暦21（802）年	66歳
1	坂上田村麻呂胆沢城を築く
4	蝦夷阿弖流為・母礼ら降伏する
8	降服蝦夷を処刑する
延暦22（803）年	67歳
3	坂上田村麻呂志波城を造営する
4	遣唐使藤原葛野麻呂に節刀を授ける
5	船舶が破損し遣唐使の派遣を中止する
延暦23（804）年	68歳
1	坂上田村麻呂を征夷大将軍に任命する
4	和朝臣家麻呂没す
7	遣唐使を再派遣、空海・最澄が入唐する
12	天皇不予となる
延暦24（805）年	69歳
1	天皇不予のため朝賀を中止し、皇太子を召し面談する
4	皇太子以下参議以上を召し、後事を託す
6	遣唐使が帰国する
12	徳政論争により征夷と造都を停止し、造宮職を廃止する
大同元（806）年	70歳
3	桓武天皇没す
5	安殿親王即位（平城天皇）

参考文献

阿部　猛『平安前期政治史の研究』（高科書店、一九九〇年）。

石上英一「古代国家と対外関係」（『講座日本歴史』２ 古代２、東京大学出版会、一九八四年）。

石上英一「古代東アジア地域と日本」（『日本の社会史』第Ⅰ巻 列島内外の交通と国家、岩波書店、一九八七年）。

石母田正『日本の古代国家』（岩波書店、一九七〇年）。

石母田正「天皇と諸蕃」（『日本古代国家論』第一部、岩波書店、一九七三年）。

石母田正「日本古代における国際意識について」（『日本古代国家論』第一部、岩波書店、一九七三年）。

伊藤喜良『中世王権の成立』（青木書店、一九九五年）。

井上光貞「王仁の後裔氏族とその仏教」（『日本古代思想史の研究』岩波書店、一九八二年）。

井上満郎『京都・躍動する古代』（ミネルヴァ書房、一九八一年）。

井上満郎『渡来人』（リブロポート、一九八七年）。

井上満郎「桓武天皇と渡来系氏族」（中山修一先生喜寿記念事業会編『長岡京古文化論叢』Ⅱ、三星出版、一九九二年）。

井上満郎『桓武天皇』（ミネルヴァ書房、二〇〇六年）。

井上満郎『桓武天皇と平安京』（吉川弘文館、二〇一三年）。

今井啓一「桓武天皇御生母贈皇太后高野氏と平野神」（『芸林』八―四、一九五七年）。

今井啓一『百済王敬福』（綜芸社、一九六五年）。

今井啓一『帰化人と社寺』（綜芸社、一九六九年）。

上田正昭『帰化人』（中央公論社、一九六五年）。

上田正昭『古代伝承史の研究』（塙書房、一九九一年）。

上田正昭「桓武朝廷と百済王氏」（『論究・古代史と東アジア』岩波書店、一九九八年）。

上田正昭「皇室と朝鮮半島・百済『渡来人』がつくった歴史」（『現代』講談社、二〇〇二年六月号）。

大坪秀敏『百済王氏と古代日本』（雄山閣、二〇〇八年）。

大和岩雄『秦氏の研究』（大和書房、一九九三年）。

岡田精司「大王就任儀礼の原形とその展開」（『古代祭祀の史的研究』塙書房、一九九二年）。

筧　敏生「百済王姓の成立と日本古代帝国」（『日本史研究』三一七、一九八九年）。

加藤謙吉『秦氏とその民』（白水社、一九九八年）。

加藤謙吉『吉士と西漢氏』（白水社、二〇〇一年）。

加藤謙吉『大和政権とフミヒト制』（吉川弘文館、二〇〇二年）。

金子修一『古代中国と皇帝祭祀』（汲古書院、二〇〇一年）。

金子祐之『平城京の精神生活』（角川書店、一九九七年）。

亀田隆之『奈良時代の政治と制度』（吉川弘文館、二〇〇一年）。

岸　俊男「藤原仲麻呂の田村第」（『日本古代政治史研究』塙書房、一九六六年）。

岸　俊男「日本における『戸』の源流」（『日本古代籍帳の研究』塙書房、一九七三年）。

喜田貞吉『喜田貞吉著作集5　都城の研究』（平凡社、一九七九年）。

鍛代敏雄『神国論の系譜』（法蔵館、二〇〇六年）。

北山茂夫『日本古代政治史の研究』（岩波書店、一九五九年）。

木本好信『藤原式家官人の考察』（高科書店、一九九八年）。

木本好信『藤原仲麻呂』（ミネルヴァ書房、二〇一一年）。

木本好信『藤原種継』（ミネルヴァ書房、二〇一五年）。

木本好信『藤原北家・京家官人の考察』（岩田書院、二〇一五年）。

栗原　弘「藤原内麿家族について」（『日本歴史』五一一、一九九〇年）。

河内春人『日本古代君主号の研究』（八木書店、二〇一五年）。

古閑正浩「河内百済寺の造瓦組織と王権」（『ヒストリア』二二一、二〇一〇年）。

佐伯有清『新撰姓氏録の研究・本文篇』（吉川弘文館、一九六二年）。

佐伯有清「長岡・平安遷都とその建議者達」（『日本古代の政治と社会』吉川弘文館、一九七〇年）。

佐伯有清『新撰姓氏録の研究・考證篇第二』（吉川弘文館、一九八一年）。

佐伯有清『新撰姓氏録の研究・考證篇第五』（吉川弘文館、一九八三年）。

坂本太郎他監修『日本古代氏族人名辞典』（吉川弘文館、一九九〇年）。

佐久間竜『日本古代僧伝の研究』（吉川弘文館、一九八三年）。

笹山晴生『平安の朝廷』（吉川弘文館、一九九三年）。

笹山晴生編『古代を考える平安の都』（吉川弘文館、一九九一年）。

関　晃『帰化人』（至文堂、一九五六年）。

関　晃『古代の帰化人』（関晃著作集第三巻、吉川弘文館、一九九六年）。

関　晃『日本古代の国家と社会』（関晃著作集第四巻、吉川弘文館、一九九七年）。

高島正人『奈良時代諸氏族の研究』（吉川弘文館、一九八三年）。

滝川政次郎『京制並に都城制の研究』（法制史論叢第二刷、角川書店、一九六七年）。

瀧浪貞子『平安建都』（集英社、一九九一年）。

田中史生『日本古代国家の民族支配と渡来人』（校倉書房、一九九七年）。

田中史生『倭国と渡来人』（吉川弘文館、二〇〇五年）。

直木孝次郎「土師氏の研究」（『日本古代の氏族と天皇』塙書房、一九六四年）。

中川　収「左大臣藤原魚名の左降事件」（『国學院雑誌』八〇―十一、一九七六年）。

中田　薫「唐代法に於ける外国人の地位」（『法制史論集』第三巻下、岩波書店、一九六四年）。

中野高行「天智朝の帝国性」（『日本歴史』七四七、二〇一〇年）。

中村修也『秦氏とカモ氏』（臨川書店、一九九四年）。

奈良国立文化財研究所飛鳥資料館『日本古代の墓誌』（一九七七年）。

西嶋定生『中国古代国家と東アジア世界』（東京大学出版会、一九八三年）。

西嶋定生『日本歴史の国際環境』（東京大学出版会、一九八五年）。

西本昌弘「豊璋と翹岐」（『ヒストリア』一〇七、一九八五年）。

西本昌弘『桓武天皇』（山川出版社、二〇一三年）。

二星祐也「桓武朝における天智系皇統意識の成立」（『ヒストリア』二一五、二〇〇九年）。

野村忠夫「桓武朝後半期の一、二の問題」（『古代学』十―二・三・四、一九六二年）。

野村忠夫『後宮と女官』（教育社、一九七八年）。

林　陸朗『上代政治社会の研究』（吉川弘文館、一九六九年）。

林　陸朗『長岡京の謎』（新人物往来社、一九七二年）。

林　陸朗「長岡・平安京と郊祀円丘」（『古代文化』二六―三、一九七四年）。

林　陸朗『長岡京の謎』（新人物往来社、一九七二年）。

林　陸朗「長岡・平安京と郊祀円丘」（『古代文化』二六―三、一九七四年）。

林　陸朗「高野新笠をめぐって」（折口博士記念古代研究所紀要第三輯、一九七七年）。

林　陸朗「桓武天皇の政治思想」（山中裕編『平安時代の歴史と文学・歴史編』吉川弘文館、一九八一年）。

林　陸朗「桓武天皇と遊猟」（『栃木史学』創刊号、一九八七年）。

林　陸朗『桓武朝論』（雄山閣、一九九四年）。

平野邦雄「秦氏の研究」（『史学雑誌』七〇―三・四、一九六一年）。

平野邦雄『和気清麻呂』（吉川弘文館、一九六四年）。

平野邦雄『大化前代社会組織の研究』（吉川弘文館、一九六九年）。

平野邦雄『帰化人と古代国家』（吉川弘文館、一九九三年）。

藤沢一夫「摂津国百済寺考」（『日本文化と朝鮮』新人物往来社、一九七三年）。

古市　晃「摂津国百済郡の郡域と成立年代」（大阪市史編纂所『大阪の歴史』五六、二〇〇〇年）。

前田晴人『古代王権と難波・河内の豪族』（清文堂出版、二〇〇〇年）。

前田晴人『飛鳥時代の政治と王権』（清文堂出版、二〇〇五年）。

前田晴人『日本古代人物伝』（新人物往来社、二〇〇七年）。

前田晴人「阿直岐・阿知使主・王仁・弓月君」（鎌田元一編『古代の人物1　日出づる国の誕生』清文堂出版、二〇〇九年）。

三品彰英『神話と文化史』（三品彰英論文集第三巻、平凡社、一九七一年）。

三品彰英『増補日鮮神話伝説の研究』（三品彰英論文集第四巻、平凡社、一九七二年）。

水野正好「河内飛鳥と漢・韓人の墳墓」（『古代を考える河内飛鳥』吉川弘文館、一九八九年）。

水野正好「後期群集墳と渡来系氏族」（『古代を考える近江』吉川弘文館、一九九二年）。

村井章介『アジアのなかの中世日本』（校倉書房、一九八八年）。

村尾次郎『桓武天皇』(吉川弘文館、一九六二年)。

八木　充「カバネ勝とその集団」(『ヒストリア』一九、一九五七年)。

山尾幸久「秦氏と漢氏」(『古代文化と地方』文一総合出版、一九七八年)。

吉村武彦「仕奉と貢納」(『日本の社会史』第四巻、岩波書店、一九八六年)。

利光三津夫「百済亡命政権考」(『律令制とその周辺』慶応義塾大学法学研究会、一九六七年)。

あとがき

筆者は小学校高学年の頃から日本という国について強い関心を懐くようになった。一九六〇年の第一次安保闘争の影響によるものである。日米同盟下の日本という国のありように歪みを感じたのである。また日本に天皇が存在することはもう少し前の時期からよく知っていた。考古学という学問に接し大阪府下に数多く存在する巨大な古墳を目の当たりにしたからである。高校・大学時代に歴史学を専攻しようと決めたのは、幼少年期に懐いたこれらの課題を解決するのにふさわしい学問だと考えたからである。

筆者はすでに定年を過ぎ、余命はあと何年なのかを絶えず考えさせられる年齢になっている。これまでは古代史でもかなり古い時期を研究対象にしてきたけれども、桓武朝が古代史上の大きな画期であるという認識は以前からももっていたつもりであり、このたびはそうした認識を自分で検証してみたいという欲求にかられ、また桓武天皇の治績がそうした筆者の問題関心に整合していることに気がついたので、卒業論文を書いた時に経験した情熱と集中力とを傾注して挑戦してみた次第である。

大学では日本史の講義を受けもたせていただいているが、論理的に大きな筋の通った歴史を展開するという面では随分苦労を重ねてきた。自分自身に対する日頃のそうした不満がおそらく本書の上梓に向かわせた理由でもあろう。筆者の意図を強調するために同じことをくり返し述べている点や、説明が要領を得ず不十分な叙述になっているなどの点については、読者諸賢のご批評を甘んじて受けるつもりである。

最後になったが、本書の刊行は同成社にお願いすることにした。同成社とのおつきあいはすでに八年の日子を数え、これまで四冊の著書を出版していただいており、感謝の申し上げようもない。今回は編集部の山田隆氏の手を大いにわずらわせることになったが、山田氏からは的確で懇切なご教導をうけることができ、自己満足に陥りかけていた筆者の盲点や不足をご指摘いただき、面白い本に仕上げていただいたと思っている。

二〇一六年四月

前田　晴人

■著者略歴■

前田　晴人（まえだ　はると）

1949 年　大阪市生まれ

1977 年　神戸大学大学院文学研究科修士課程修了

現　在　大阪経済法科大学教養部客員教授

主要著書

『日本古代の道と衢』（吉川弘文館、1996 年）、『神功皇后伝説の誕生』（大和書房、1998 年）、『女王卑弥呼の国家と伝承』（清文堂出版、1999 年）、『古代王権と難波・河内の豪族』（清文堂出版、2000 年）、『桃太郎と邪馬台国』（講談社、2004 年）、『飛鳥時代の政治と王権』（清文堂出版、2005 年）、『三輪山―日本国創成神の原像』（学生社、2006 年）、『古代出雲』（吉川弘文館、2006 年）、『古代女王制と天皇の起源』（清文堂出版、2008 年）、『倭の五王と二つの王家』（同成社、2009 年）、『継体天皇と王統譜』（同成社、2010 年）、『蘇我氏とは何か』（同成社、2011 年）、『卑弥呼と古代の天皇』（同成社、2012 年）

桓武天皇《かんむてんのう》の帝国構想《ていこくこうそう》

2016年6月20日発行

著　者　前田晴人
発行者　山脇洋亮
印　刷　三報社印刷㈱
製　本　協栄製本㈱

発行所　東京都千代田区飯田橋4―4―8　㈱同成社
（〒102-0072）東京中央ビル内
TEL　03-3239-1467　振替 00140-0-20618

ISBN978-4-88621-732-5 C0021